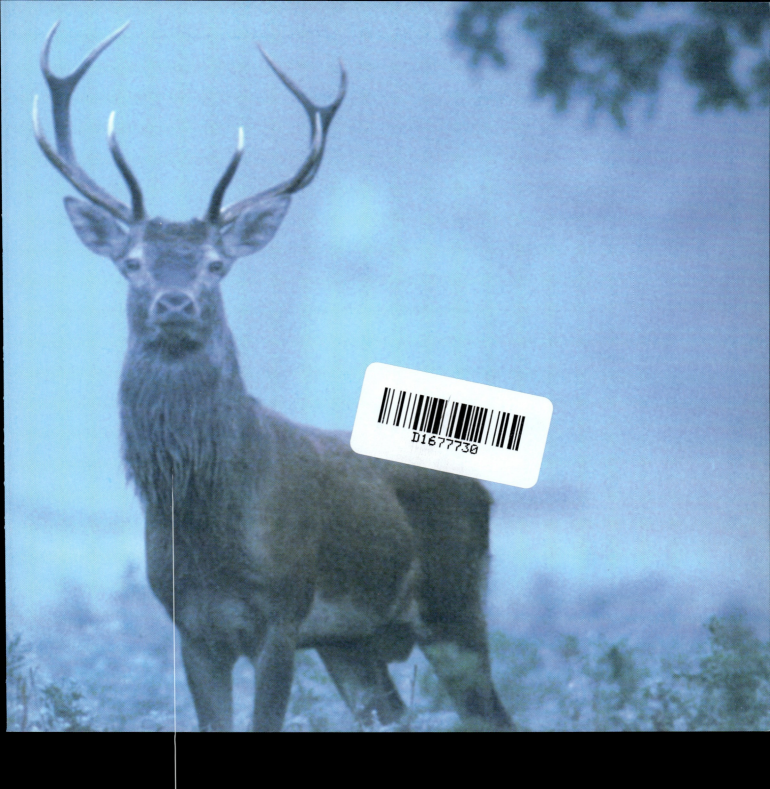

SEEBEN ARJES

Der Keiler aus dem Königsmoor

und andere Jagdgeschichten

NEUMANN-NEUDAMM

Impressum

Bildnachweis: S.79 Hinrich Eggers; alle weiteren Abb. aus dem Archiv des Verfassers

2. Auflage

ISBN 978-3-7888-0987-4

Das Werk einschließlich aller seiner Teile ist urheberrechtlich geschützt. Jede Verwertung außerhalb der engen Grenzen des Urheberrechtsgesetzes ist ohne Zustimmung des Verlages unzulässig und strafbar. Das gilt insbesondere für Vervielfältigungen, Übersetzungen, Mikroverfilmungen und die Einspeicherung und Verarbeitung in elektronischen Systemen.

© 2009 Verlag J. Neumann-Neudamm AG
Schwalbenweg 1, 34212 Melsungen
Tel. 05661-9262-26, Fax 05661-9262-19
www.neumann-neudamm.de

Printed in the European Community
Satz & Layout: J. Neumann-Neudamm AG
Druck & Verarbeitung: Himmer AG, Augsburg

Inhalt

Oskar ein kleiner Hund und große Tiere	5
Eine weiße Sau namens Susi	11
Ein Schmaltier zu Pfingsten	14
Der „Schimmel" aus dem Krelinger Bruch	18
Ein guter Hirsch, viel Glück und wenig Freude	26
Zwei Jäger anderer Art	35
Der Keiler aus dem Königsmoor	39
Jägerbegegnungen zwischen Haff und Oder	49
Groß und klein	59
Bunte Blumen	65
Himmelszeichen zwischen Mönch und Nonne	68
Größe	78
Hubertussitz und Killerkanzel	80
Jahresausklang	85

Oskar
- ein kleiner Hund und große Tiere

Oskar stammt aus Ostfriesland. Dem Land, in dem man bedächtig handelt, ruhig bleibt und gelassen reagiert. Oskar stammt von dort, verhält sich aber nicht so. Er regt sich furchtbar auf, kreischt, zetert und sucht dauernd Streit.

Als Jagdterrier steht ihm das zu, sagen die Jäger, die Oskar kennen. Und Ulli, sein Chef, meint, diese sonst so unangenehmen Eigenschaften seien gerade das, was diesen kleinen schwarzen Teufel bei der Jagd auf Sauen so wertvoll mache.

Die Schwarzkieferndickung ist umstellt. Leise brauchten wir dabei nicht zu sein. Wenn Sauen drin sind, müssen sie uns längst vernommen haben. Nicht uns Jäger selbst, wohl aber das markerschütternde Geschrei, das schon im Anfahren aus dem grünen Allradwagen drang. Ältere Bachen müssten dieses schrille Gekreische eigentlich schon lange kennen. Immer danach gibt's Zoff, Ärger mit dem Giftzwerg Oskar, Dampf aus blanken Rohren und Verluste in den eigenen Reihen.

Andreas bläst das Treiben an. Das heißt: Hunde schnallen. Und schon stürmen sie los: Artus, ein Tiroler Vieräugel mit tiefen Hals, und Bea und Quinta, zwei schnelle, kleine Bracken.

Verhaltener und sichtlich verstimmt Sir, der distanziert-selbstwürdige Quotendackel, der zu seinem Leidwesen immer wieder in der Nähe dieses ungehobelten Schweinevolkes ausgesetzt wird. Für ihn sind solche Tage geografische Durchschlageübungen. Mit Sauen hat er nichts im Sinn, er muss aber immer mit, er gehört nun mal dazu.

Und Jochens Batzel, der schweinekundige Wachtelschecke. Der kennt sich aus. Allerdings muss er am anderen Ende der Dickung geschnallt werden, damit er und Oskar sich möglichst nicht begegnen. Beide sind sich seit Jahren in unverbrüchlicher Feindschaft verbunden und Oskar setzt bei jeder Gelegenheit alles daran, diesen verhassten Erzfeind umzubringen.

Noch ist es still in der Dickung. Sollten die Sauen nicht zu Hause sein? Haben sie sich gar beim Nachbarn eingeschoben, der so üppig und listig füttert? Ein Eichelhäher rätscht, andere fallen ein und schimpfen mit. Meinen sie die Hunde? Oder sind doch Sauen da?

Da knackt ein Ast. Jetzt wird's spannend!

Und schon geht's los, rechts neben der Schneise. Das ist der Laut von Artus, tief, dunkel, seinem Wesen entsprechend gemessen, zwar mit Druck, aber keineswegs hysterisch. Man hört ihm nicht an, was er jagt. Es könnte auch ein Reh sein. Er müsste es gleich über die Schneise bringen…

Aber da kommt nichts. Artus gibt immer an einer Stelle Laut. Das ist bestimmt kein Reh, das können nur Sauen sein. Wouu – wouu – wouu, klingt es immer nur monoton, mehr tut sich nicht.

Ich kann mir gut vorstellen, was da vor sich geht. Die Rotte rückt im Familienkessel eng zusammen, bildet

eine feste Burg und erträgt gelassen die Belästigung. Artus schätzt seine Gesundheit und bleibt auf Distanz. Es entsteht ein Patt.

Einer sollte hingehen und ihm helfen. So wird das nichts. Aber wer wird schon in eine von scharfen Waffen und motivierten Jägern umstellte Dickung kriechen?

Das wäre viel zu gefährlich.

Da bekommt Artus Hilfe. Das muss Bea sein, vielleicht Quinta, vielleicht auch beide. Diese beiden Geschwister sind äußerlich kaum und am Laut gar nicht zu unterscheiden.

Die Stimmen sind jetzt hell, giftig, aufgeregt. Das sollte hoffentlich die Sauen so nerven, dass sie endlich ihren Kessel verlassen. Aber die Wutze denken gar nicht daran. Sie bleiben trotzig und halten durch, denn – egal ob Bea oder Quinta – auch die beiden feinzelligen Damen haben ein ökonomisches Verhältnis zum Risiko, sie sind nicht dumm.

Die Schwarzkittel haben auch gute Nerven. Die Hunde bellen, schimpfen – ohne Erfolg. Wo ist denn Batzel? Und vor allem, wo ist Oskar? Die Dickung ist riesig, sie werden woanders suchen. Und das ist gut so, man kann nur hoffen, dass sie sich nicht begegnen. Im unmittelbaren Feindeinsatz sind sie sich ja noch einig, sobald aber Zeit übrig ist, ist dieser Batzel für Oskar die Lebensaufgabe.

Bea, Quinta und Artus geben sich alle Mühe, aber ihr verbaler Einsatz reicht einfach nicht aus, das Selbstbewusstsein dieser Rotte zu knacken. Das Ganze spielt sich nur etwa achtzig Gänge vor mir ab. Vielleicht sollte ich doch mal hingehen und den Hunden helfen? Vielleicht ist es ja gar keine Rotte, sondern ein einzelner Keiler. Den könnte ich ganz einfach gegen den Wind angehen und vor Standlaut im Kessel erlegen. Wie bei Nachsuchen. Aber nein, nein! So sehr diese Vorstellung auch lockt, so etwas macht man nicht, das ist zu gefährlich. Andere der angestellten Jäger könnten zu gleicher Zeit solche Gedanken haben. In der dichten Dickung würden wir uns nicht sehen, vielleicht gleichzeitig schießen …

Aber irgendetwas muss passieren. Die Sauen bewegen sich keinen Meter, die Hunde werden langsam müde, sie verausgaben sich.

Aber jetzt passiert etwas! Plötzlich überschlagen sich die Hundestimmen. Artus brüllt, Bea jault, Quinta kreischt. Und dazwischen ein unverkennbarer Schrei, laut, hell, mutig und entschlossen. Den kenne ich. Oskar hat das Problem gelöst. Er kennt keine verbale Diskussion mit Sauen. Jedenfalls mit geringeren nicht. Die Rotte spritzt auseinander, gefolgt von den Hunden, ihr Laut entfernt sich im Dickicht der Schwarzkiefern. Am jenseitigen Rand fallen zwei Schüsse von einem Stand. Ganz schnell hintereinander. Das kann nur Rudi gewesen sein. Keiner schießt so schnell wie Rudi. Dann noch ein Schuss drüben aus dem Altholz.

Die Schüsse wirken wie eine Erlösung. Die Sauen sind raus, das war's.

Ich repetiere eine Patrone aus dem Lauf und sehe, wie hundert Meter neben mir auch Manfred seinen Rucksack einpackt.

Eigentlich könnte Andreas jetzt abblasen. Er tut es aber nicht. Keiner weiß, warum. Und es ist richtig so, denn da kommt neuer Laut aus der Dickung. Drüben aus der Ecke am alten Zaun. Das ist wieder Oskar! Wieder sein schrilles Gejohle in immer gleicher Tonfolge. Aber etwas anders als vorher klingt es doch. Eine Nuance tiefer, langsamer und verhaltener. Das ist nicht sein Schrei von blinder Kampfeswut, das klingt zwar entschlossen, aber auch nach strategischem Verstand und sogar ein wenig nach Respekt. Klar: Das ist eine einzelne starke Sau!

Auch dieser Laut bewegt sich nicht. Der Basse sitzt fest in seinem Kessel. Oskar ist nahe dran, bedrängt ihn giftig. Aber er weiß wohl, dass es nicht ratsam ist, diesen Brocken mit den langen Zahndolchen zu irgendetwas zwingen zu wollen. Zu oft hat er das in ähnlicher Lage versucht. Immer bekam er Hiebe, Wunden und Narben. Zu oft landete er unversehens bei Lothar auf dem OP-Tisch. Sein kohlschwarzes Fell gleicht jetzt im Alter von sieben Jahren einem Flickenteppich.

Wo sind die anderen Hunde? Jetzt müssten sie dem Oskar helfen. Keiner von ihnen kommt. Sie sind erschöpft und haben aufgegeben.

Oskar hält durch. An seinem Laut ist zu hören, dass er den Keiler umtanzt, ärgert und zwickt. Der aber rührt sich nicht vom Fleck. Einer müsste hingehen und … Aber das geht natürlich auch diesmal nicht.

Alle müssen warten. Außer Oskar. Dem reißt die Geduld. Plötzlich kreischt er laut und lang in wilder Wut. Dann Knurren – Fassen – Kampfgetümmel und wieder ein Schrei von Oskar. Diesmal aber passiv, gepresst, fast klagend. Dann ist es still. Lange und unheimlich still. Was ist passiert? Wo ist Oskar? Wir können vorerst nur warten. Nichts ist mehr zu hören. Nur die Augen wandern ständig am Dickungsrand auf und ab, wünschen Oskar herbei.

Endlich! Da ist Oskar! Drüben am Rand des breiten Weges vor der Sandgrube. Er steht und wartet. Aber nein, das ist nicht Oskar. Der schwarze Klumpen ist größer als ein Hund, viel größer.

Eine Sau ist es, der Keiler! Er steht sichernd am Dickungsrand unter überhängenden Ästen, hebt den Rüssel in den Wind, schiebt sich noch etwas vor und verhofft wieder. Ein starker Keiler ist es, kohlschwarz und silbern bereift. Der Traum vieler Jäger. Immer noch steht er prüfend da und sondiert mit allen Sinnen die Lage.

Ihm gegenüber stehen zwei Jäger. Die Herren Brüll und Besserwasser.

Wenn der Basse den Wechsel hält, müsste er einem von ihnen kommen.

Beiden wäre es zu gönnen, denn sie hatten einen weiten Weg aus der Landeshauptstadt und haben hohe Ämter. Zur Weisung richtiger Wege schreiben sie wichtige Verordnungen auf amtliches Papier. Und sie lassen die jagdliche Praxis gerne an höher bezahlten Erkenntnissen teilhaben.

Plötzlich kommt der Keiler in Fahrt. Er will über die freie Fläche, trollt auf die beiden Jäger zu.

Vierzig Schritt zwischen beiden will er durch. Scheibenbreit, riesig und gar nicht so schnell. Warum schießt denn keiner? Sehen die denn beide dieses „Klavier" nicht? Die Sau wird schneller, hat die Freifläche fast geschafft, da knallt es doch noch. Gleich zweimal. Der Basse liegt. Waidmannsheil!

Aber Achtung! Er bewegt sich noch. Schlegelt mit den Vorderläufen und hebt immer wieder das mächtige Haupt mit den blitzenden Waffen. Der ist nur gekrellt! Jetzt muss ein schneller Fangschuss kommen. Aber keiner der Herren rührt sich. Gebannt stehen beide da und blicken sich suchend um, auch nach rückwärts.

Die Sau schlegelt, schlägt mit dem Haupt, hebt sich vorne immer höher und klappt gefährlich mit dem riesigen Gebrech. Wenn das so weiter geht, wird sie gleich weg sein, und auch Hirschmann wird sie nicht mehr kriegen.

Endlich kommt einer im Lodenmantel. Er hat von seinem Stand alles beobachtet, geht wortlos an Herrn Besserwasser vorbei, gibt dem Keiler den Fangschuss und geht wortlos wieder auf seinen Stand.

Inzwischen hat Andreas abgeblasen. Vier Schützen dieser Flanke laufen am Keiler zusammen.

Ja, es ist ein Hauptschwein.

Wer ist denn nun der Erleger? Zweimal hat es geknallt, beide haben geschossen. Herr Brüll muss es wissen.

Wo ist er eigentlich?

Er steht dort an dem Baum und äugt mit langem Hals zum Keiler.

Er soll mal zeigen, wo er abgekommen ist.

Herr Brüll zögert und ruft: „Ist er tot?"

„Ja."

„Wirklich?"

Wir suchen den Einschuss, müssen die Sau umdrehen. Herr Brüll möchte sie noch nicht anfassen.

Herr Besserwasser auch nicht.

Wir wuchten den Bassen auf die andere Seite.

Da ist der Einschuss. Hoch und hinten, durch's Kreuz. Gerade noch Glück gehabt. Ein Schlumpschuss. Der andere ging ganz daneben.

Also: Einschuss von links, Brüll war's. Immer wieder: „Waidmannsheil!"

Herr Brüll wächst wie ein Hefekuchen, findet zunehmend seine Sprache wieder, schildert mehrfach und wortreich sein Meisterstück. Ja, er ist ein großer Jäger und hat einen starken Keiler erlegt. Das wissen jetzt alle.

Nur einer noch nicht, das ist Ulli. Allein kommt er den dämmerigen Weg herauf. Er schaut ernst, trägt seinen Oskar auf dem Arm: „Wo ist Lothar?", fragt er knapp. Lothar ist unser Veterinär und bei allen unseren Jagden als Jäger und bewährter Feldarzt für die Schweiß- und Stöberhunde dabei. Er flickt Oskar immer zusammen, so auch diesmal. Auf der Heckklappe seines Pajero näht und klammert er den nur örtlich betäubten Oskar mit routinierter Hand wieder in Form. Oskar hat wieder mal Glück gehabt. Der Dolch des Keilers verfehlte seine Halsschlagader nur um Zentimeter. Ulli legt seinen Oskar auf den Beifahrersitz seines Autos. Da wo Oskar immer sitzt, wo er sich wohl fühlt und zu Hause ist.

Im Gasthaus zu Polau ist der Tisch festlich geschmückt und reich gedeckt. Es gibt Wildschweinbraten mit Rotkohl, Preiselbeeren und gefüllten Williams-Christ-Birnen. Dazu erlesene Weine von Saar und Nahe. Alles reichlich. Kein Wunder, denn wir feiern ein Fest. Ein schönes Fest, denn es war ja auch ein schöner Tag. Hermann erlegte ein Rotkalb, Jürgen einen Überläufer und der schnelle Rudi auch einen. Aber was ist das alles gegen den Herrn Brüll. Der bezwang das Hauptschwein aus dem Birkengrund.

Er ist heute unser Jagdkönig.

„Jagdkönig, what's that?", fragt der jagdlich passionierte Austauschschüler aus Kalifornien.

Herr Brüll erklärt ihm das selbst: „Nach jeder Jagd ehren wir den Jäger, der an diesem Tag der beste und tüchtigste war. Er ist der Jagdkönig."

Tom blickt verständnislos grübelnd ins Leere. Vielleicht versteht er die deutsche Sprache nicht. Vielleicht denkt er in diesem Zusammenhang aber an einen anderen Jäger. Der liegt zusammengerollt auf dem Beifahrersitz des grünen Autos. Seine schwarzen Pfoten vibrieren und jagen im Schlaf schon wieder durch's Revier, seine Lefzen zucken und in seiner Kehle knurrt es wild entschlossen. Im Traum ist er schon wieder dabei, die Lüneburger Heide endlich von den verhassten Sauen zu befreien. Und natürlich von seinem Erzfeind Batzel. Der muss auch weg.

Oskar, der kleine Hund mit dem großen Herzen.

Eine weiße Sau namens Susi

Bunte Hunde sind bekannt. Von bunten Sauen kann man das nicht sagen. Und das ist gut so, denn sonst hätte Susi wohl nicht so lange gelebt.

Als ich sie das erste Mal sah, war Susi so groß wie das maifrische Gras neben ihrem Wurfkessel. Sie selbst wusste natürlich nicht, dass sie schon damals etwas Besonderes war, aber man muss es zugeben: sie sah aus wie ein Dalmatinerwelpe, fast weiß mit wenigen kohlschwarzen Flecken.

Ob Susis Bache angesichts solch krasser Fehlfarbe ihres jüngsten Frischlings nachträglich ihre Rauschzeiterlebnisse überdachte, glaube ich nicht, denn sie scherte sich zeitlebens einen Dreck darum, dass ihr skandalöse Offenheit im Umgang mit freilaufenden Hausschweinen nachgesagt wurde.

Susi hatte noch zwei Geschwister, die hinsichtlich ihrer Hautfarbe auch nicht recht in die Familie passten. Auch ihre Schwarten leuchteten hell wie Malerkittel. Wahrscheinlich geriet ihnen gerade das zum Nachteil, denn der eine verschwand spurlos über Nacht, der andere blieb bei der Hubertusjagd als Erster im Feuer.

Dank großer strategischer Erfahrung ihrer Bache überlebte Susi die weiteren Jagden, und trotz extremer Kälte und hoher Schneelage auch ihren ersten Winter. Als ihre Bache im nächsten März wieder trockenes Gras zu einem Kessel zusammentrug, irrte Susi eine Zeit lang allein um den Hackelsberg, denn am Wurfkessel werden Halbstarke nicht geduldet.

Zu der Zeit sahen wir sie oft bei gutem Licht an der Eichenwiese, wo ihr der frische Klee zusagte und filziger Adlerfarn gute Tagesdeckung bot.

„Durch die Lärchen bis an den Hochsitz", sagte Mitjäger Klaus, „von da aus sind es 80 Meter."

Das stimmte. Ein Kinderspiel wäre es gewesen. Aber wir mochten es nicht tun, denn dieser bunte Überläufer war für uns längst kein anonymes Wildschwein mehr. Im Gegensatz zu den meisten anderen fehlfarbenen Frischlingen hatte er seine auffällige Zeichnung nicht nach ein paar Monaten verloren. Er entwickelte sich zu einer fast weißen Sau mit je einem kohlschwarzen Fleck auf beiden Lichtern. Dazu wuchsen ihm auf dem „Tellerrand" überlange weiße Borsten, deretwegen er manchmal „Plüschohr" genannt wurde.

Inzwischen wussten wir, dass diese Besonderheit eine Bache war. So war zu hoffen, dass sie am Hackelsberg bleiben würde. Besser als die Natur es hier getan hatte, kann sie ein Wildtier nicht markieren. Ich wollte diese Sau beobachten und dabei ihr Verhalten studieren. Und sie erhielt ihren Namen „Susi", wurde so zu einer Persönlichkeit, und es galt, sie zu schützen.

Wenn der Glaube Berge versetzen kann, muss der Aberglaube wenigstens ein Schwein erhalten können, dachten wir uns, und verbreiteten an geeigneten Stellen die alte Mähr: „Wer ein weißes Tier schießt, stirbt noch im gleichen Jahr." Es fand sich niemand, der das überprüfen wollte. Susi überlebte mehr als vierzehn Jahre.

Sie zu beobachten, hat sich gelohnt. Allein die Erkenntnis über ihre Standorttreue war es wert. Susi lebte nahe der Zufahrt zum Revier in relativ offenem Gelände. Ich sah sie deshalb fast täglich. Niemals aber begegnete ich ihr mehr als 1000 Meter von der Stelle ihres Wurfkessels entfernt. Über all die Jahre blieb sie einem Einstand treu, der einen Durchmesser von etwa 2 km hatte. Dieser Lebensraum war keineswegs üppig mit Nahrung gesegnet, eher ein Armenhaus für Schweine, in dem auch nie gefüttert wurde. Trotzdem beteiligte sich Susi nicht an den nächtlichen Wanderungen anderer Sauen zu den hinterhältigen Schlemmerangeboten jenseits der Reviergrenze. Susi blieb immer zu Hause, und sicher war das ein Grund für ihr langes Leben.

In ihrem zweiten Lebensfrühling tauchte Susi nach kurzer Abwesenheit mit vier eigenen Frischlingen wieder auf und tat sich mit ihrer eigenen Mutter und derer „neuen" Frischlinge zu einer Großfamilie zusammen. Keiner ihrer Frischlinge war „fehlfarben". In diesem ersten Wurf nicht, und auch in keinem der vielen anderen, die später folgten. Die Brunstsynchronisation von Mutter und Tochter hatte funktioniert, die Frischlinge waren gleich alt. Die Rotte brauchte sich hinsichtlich Nahrungssuche und Feindvermeidung nicht auf unterschiedliche Altersgruppen einzustellen.

Susis Mutter wurde im Alter von etwa 4 Jahren bei der Drückjagd als Überläufer verblasen. Fortan bildete Susi mit ihren Halbgeschwistern eine neue Rotte. Dies war zuerst nur eine Notgemeinschaft der Orientierungslosigkeit und des Hungers, an der abzulesen war, wie langsam und grausam die Natur Frischlinge sterben lässt, die noch keine Zeit hatten, eigene Überlebensstrategien zu erlernen.

Der neue Sozialverband war lockerer gefügt, denn die Zahl der Mitglieder schwankte zwischen zwei und fünf. Innerhalb dieser Rotte war lange Zeit eine Sozialordnung für mich nicht erkennbar. Zog die „Familie" zum Klee, hatten die Bachen die Frischlinge zwischen sich. Dabei zog Susi manchmal voran, manchmal übernahm sie die Nachhut. Das vorbereitende Signal zur Flucht – das langgezogene tiefe Warngrunzen – nahmen die Frischlinge von jeder führenden Bache an. Streitigkeiten in der Rotte konnte ich nie beobachten. Während der Rauschzeit waren Susi und die anderen Bachen kaum tagaktiv. So sahen wir auch niemals einen älteren Keiler in der Rotte. Wohl aber war gelegentlich lautes „Geschrei" aus der Einstandsdickung am Feuerturm zu hören.

Susi frischte zeitlich unregelmäßig in den Monaten März bis Mai. Wen sie dann plötzlich unsichtbar war, wussten wir, dass sie im Wurfkessel lag. Und wir wussten natürlich auch, wo der war, denn es war immer die gleiche Stelle, an der sonnigen Südseite einer Fichtendickung. Für ihren Wurfkessel schleppte sie trockenes Gras und Moos unter die ausladenden Äste einer Randfichte. Dies in solcher Menge, dass er aussah wie ein Heuhaufen. Der hatte ein solches Ausmaß, dass sie selbst und ihre Frischlinge sich darin vollkommen einschieben konnten. Die Zahl ihrer Frischlinge schwankte von Jahr zu Jahr zwischen zwei und sieben, die – wie gesagt – stets alle normal gefärbt waren.

Häufig kam es vor, dass ich Susi mit ihrem neuen Jahrgang einen ganzen Frühsommerabend beobachten konnte. Ihre Frischlinge spielten vertraut im hellen Sonnenlicht. Ihr Spiel bestand immer aus Wettrennen und Kämpfen. Sie kämpften schon gleich in der Manier erwachsener Sauen durch Schulterdrücken und seitliches Kopframmen.

Waren die kleinen Kerle müde, packten sie sich an Ort und Stelle zu einem wärmespeichernden Klumpen zusammen und schliefen bis zu zwei Stunden. Immer wachten sie durstig auf. Dann zwangen sie Susi durch Anspringen zu Boden und zur Herausgabe von Milch. Dies geschah zu jeder Tageszeit, oft mitten auf dem Kleeacker.

Nur sehr wenige von Susis Frischlingen wurden älter als ein Jahr. Ab Oktober stahlen wir sie – für Susi fast unbemerkt – mit präzisen Einzelschüssen kleiner Kaliber heimlich aus der Rotte. Die meisten im Herbst, den Rest im Frühjahr. Eine Übersättigung des mageren Biotops wurde damit verhindert, soziale Unruhen blieben aus.

Je älter Susi wurde, desto geschickter führte sie ihren Nachwuchs durch Nahrungsengpässe und durch klimatische Widerwärtigkeiten. Ein wichtiges Hilfsmittel war ihr dabei der Adlerfarn. In kargen Wintern lehrte sie ihre Frischlinge, seine Wurzeln tief aus dem Boden zu holen. Das ganze Jahr über boten seine Wedel ihr Deckung und Polstermaterial für den Tageskessel.

Susi war niemals feist, denn es gab in ihrem Zuhause keine Eicheln, keine Kartoffeln und keinen Mais. Aber ihr entging kein Aufbruch, sie wusste, wo die Mäuse ihre Nester hatten, und sie fand jedes Stück Fallwild. Aber sie war kein Allesfresser. Einmal brachte ich ein woanders nachgesuchtes und verworfenes Stück Rotwild mit und legte es für Susis Familie an den Hackelsberg. Aber kein Schwein rührte das Stück an, bis es endlich durch Kolkraben, Füchse und Schmeißfliegen „entsorgt" wurde. Die feinen Sinne der Sauen hatten sich wohl daran gestört, dass das Fleisch des Rotwildes durch Wundfieber und Stresshormone verändert war.

Eine wichtige Rolle spielte für Susi und ihre Rottenmitglieder in jedem März eine andere Pflanze: der Sumpfschachtelhalm. Jeden Abend erschien die Rotte an einem nahe gelegenen Teich und wühlte stundenlang tief im Schlamm der Krautzone. Ich musste erst einen Frischling schießen und seinen Weidsack öffnen, um zu wissen, weshalb die Sauen dies taten. Sie schlugen sich voll mit den noch unter Wasser sprossenden Trieben des Sumpfschachtelhalms. Dadurch erhielten sie jede Menge zartfrisches Grün zu einer Zeit, in der dieses oberirdisch noch nicht vorhanden ist. Und dies von einer Arzneipflanze, die entschlackt, entwässert und somit Grundbestandteil jeder Frühjahrs-Stoffwechselkur ist.

Ein ausgewachsenes europäisches Wildschwein hat nur einen Feind, den Menschen. Durch unsere häufigen Kontakte friedlicher Art nahm Susi aber auch den bald nicht mehr sehr ernst. In ihrer Feindvermeidung wurde sie immer nachlässiger. Bemerkte sie mich, trollte sie widerwillig brummend, aber ohne Hast ein Stück beiseite und verhoffte am Bestandesrand oder hinter einem Busch. Diese „Flucht" war auch für Susi nur ein zwischen uns beiden eingespieltes Ritual. Wir verloren dabei nicht den Blickkontakt und ihr hängend pendelnder Pürzel verriet mehr Vertrauen als Furcht.

Gab es größere Unruhe, beispielsweise bei einer Drückjagd, führte sie ihren Anhang in die abseits gelegene Dickung am Feuerturm, die aus anderen Gründen für Treiber und Hunde tabu war.

So lebte Susi ein erfülltes, langes Schweineleben. Sie wurde älter, ihr Körper erschien immer schmaler und tiefer, ihr Haupt wurde immer länger, hagerer und charaktervoller. Ihr Verhalten blieb immer gleich, wir wussten so ziemlich alles über sie. Es blieb nur noch die Frage: Wie alt kann ein Wildschwein in freier Wildbahn werden? Das zu erfahren, war uns aber leider nicht vergönnt.

Das Unglück nahm seinen Gang als Susis Schutzengel sich in ein anderes Forstamt versetzen ließ. Vierzehn Jahre und sieben Monate war sie alt bis zu diesem Silvestertag, als fern der Heide ein bekannt schneller Sportschütze ein Gewehr und Patronen in sein Auto lud. Er fuhr nach Norden in ein gepflegtes Hochwildrevier. „Gut Wild" sollte es dort geben, und er war eingeladen, darauf zu schießen.

Wegen des kalten Windes ruhte die Rotte am Südrand der Feuerturmdickung und nutzte die schwachen Sonnenstrahlen. Eine helle Bache sorgte nicht, sich zu verstecken. Der Schuss war einfach. Mühelos durchschlug das Projektil den warmen Mantel des langjährigen Vertrauens. Susi zeichnete nicht, aber den schützenden Farn erreichte sie auch nicht mehr.

„Ein weißes Schwein! Waidmannsheil!" „Welch ein Dusel! Mensch, hat der ein Glück!" Einen Bruch für den tüchtigen Schützen! „Waidmannsheil!" „Waidmannsdank!"

Ja, der Susi gebührt Dank! Uns Jägern hat sie viel gegeben. Allein durch ihr Leben viele Stunden der stillen Freude, sie zu beobachten und von ihr zu lernen.

Und sogar mit ihrem Tod hat sie noch zum Heil eines Waidmannes beigetragen.

Ein Schmaltier zu Pfingsten

Pfingsten fiel in die ersten Junitage. Bei sommerlicher Wärme und seidigem Himmel prangte die Natur in taufrischem Grün. Auf allen Rainen blühte es ginstergelb, mohnrot und glockenblumenblau. Alttiere und Ricken standen einzeln mit prallem Gesäuge, weißgefleckte Kälber und Kitze spielten drollig im üppigen Gras der Wiesen. Überall in Feld, Wald und Garten regte sich junges Leben.

Die ganze Familie genoss das Fest beim Feiertagsfrühstück unter dem schattigen Apfelbaum. Als das Diensttelefon läutete, dachte ich an Waldbrand, einen Wildunfall, aber nicht an eine Nachsuche.

Ein Landwirt aus dem westlichen Kreis war dran: „Kannst du mit deinem Hund kommen? Ich habe ein Rotschmaltier beschossen und kann es nicht finden."

Zunächst war ich nur deswegen überrascht, weil eine Nachsuche auf Rotwild so gar nicht in die Jahreszeit und die festliche Pfingststimmung passen wollte. Doch das hatte schon seine Ordnung, denn wegen notwendiger Verminderung des Rotwildes waren Schmaltiere und Schmalspießer ab 1. Juni freigegeben.

Routinemäßig fragte ich: „Wann hast du es beschossen?"

„Heute nacht um halb zwölf." Neun Stunden Stehzeit, rechnete ich in Gedanken schnell aus. Dann war wegen der Wärme keine Zeit mehr zu verlieren. Eben wollte ich mit dem Anrufer den Treffpunkt festmachen, als ich stutzte: Das Revier meines Gesprächspartners lag jenseits der Autobahn in einem Gebiet, in dem seit eh und je kein Rotwild vorkam. Und außerdem: Geschossen hatte er um halb zwölf, mitten in einer Nacht ohne Mond? Wollte der mich auf den Arm nehmen? „Augenblick mal", fragte ich nach, „was soll das heißen, bei euch gibt es doch gar kein Rotwild." „Nein, jetzt natürlich nicht mehr", meinte der Mann lakonisch. Aber ich blieb skeptisch: „Und stockfinster war es heute nacht. Wie hättest du um diese Zeit ein Schmaltier von einem Alttier unterscheiden können?" „Es war finster, aber nicht stockfinster. Und es war ein Schmaltier, denn Alttiere führen jetzt und haben Schonzeit!"

Nun, wenn jemand etwas so bestimmt behauptet, ist man geneigt, ihm zu glauben, oder das so hinzunehmen. Aus dem Grübeln kam ich aber trotzdem nicht heraus. Als ich unterwegs über die hohe Brücke fuhr, warf ich einen Blick auf die Autobahn. Sie war beiderseits mit Maschendraht gezäunt. Auf sechs Spuren pulste zwischen Leitplanken dichter, schneller Verkehr. Sollte tatsächlich ein Stück Rotwild dieses Hindernis lebend überwunden haben? Ganz ausgeschlossen war das nicht. In gelegentlichen Ausnahmefällen war das schon vorgekommen. Aber konnte man gegen Mitternacht ohne Mondlicht überhaupt ein Stück Rotwild als solches ansprechen, geschweige denn, die feinen Unterschiede zwischen einem Schmaltier und einem Alttier erkennen? Da muss ein erfahrener Hochwildjäger schon bei Tageslicht recht genau hinsehen. Mein Anrufer galt als netter Kerl und war bei seinen Mitjägern auch recht beliebt; als Rotwildexperte war er aber bislang weder im Hegering noch sonst irgendwo aufgefallen.

Nun hätte mir das alles freilich gleichgültig sein können, und normalerweise ist es das auch. Schweißhundführer sind es gewöhnt, dass ihre Hunde sie in die dunkelsten Ecken des Waidwerks führen.

Es ist nicht unsere Aufgabe, über die Einhaltung von Abschussplänen, Richtlinien oder die lodengrüne Moral

zu wachen. Täten wir das, würde uns die Tür des Vertrauens bald nicht mehr geöffnet werden. Die einzig Leidtragenden wären letztlich die Tiere. Und in deren Diensten verstehen wir unsere Arbeit ja zuallererst. Aber in diesem Fall hoffte ich innerlich doch sehr, an diesen schönen Feiertagen nicht dauernd an die Tragödie eines kleinen Rotkalbes denken zu müssen. Auf diese Nachsuche und ihr mögliches Ergebnis war ich gespannt.

Wir stapften mit Cilla durch noch taufeuchtes Gras bis an ein Fichten-Stangenholz, in dem es heute Nacht gewiss noch dunkler gewesen sein musste als auf der Wiese nebenan. Auf einer Rückeschneise verhielt mein Begleiter und zeigte auf ein Stück Papier, das er auf den dürren Ast einer Fichte aufgespießt hatte: „Hier muss der Anschuss sein, gefunden habe ich aber nichts."

Ich fand auch nichts, aber Cilla verwies wenige Meter weiter an einem Stubben etwas Schweiß. Daneben lag Schnitthaar, sommerrot mit dunklem Band und fahlgelber Spitze. Also vom Rumpf, und – wahrhaftig von einem Stück Rotwild.

Mit weiterem Suchen anderer Pirschzeichen hielt ich mich nicht mehr lange auf. Was dort lag, war eindeutig und verhieß eine kurze Nachsuche. Der Schweißhund schien gleicher Meinung und zog kräftig vorwärts. Dennoch nahmen wir uns die Zeit so lange zu warten, bis sich der Schütze und sein Jagdfreund zur Sicherheit zwei Schneisen weiter vorgestellt hatten.

Cilla spulte den roten Faden schnell und leicht auf. Schon etwa zweihundert Meter weiter bewindete sie das mit tiefem Blattschuss längst verendete Stück Rotkahlwild. Ein schwaches Stück mit schmalem Träger und deutlichem „Kinderkopf". Kein Gesäuge und alle Schneidezähne noch als Milchzähne. Es gab überhaupt keinen Zweifel, dies war ein schwaches Rotschmaltier, ein goldrichtiger Abschuss!

Insgeheim tat ich Abbitte für meine zweifelnden Gedankengänge. Man täuscht sich gelegentlich doch in Jägern, die bescheiden auftreten, aber doch die hohe Kunst des Ansprechens selbst unter schwierigsten Lichtverhältnissen beherrschen.

Ich begrüßte den herbeigerufenen Erleger mit einem ehrlichen, achtungsvollen „Waidmannsheil" und überreichte ihm einen kräftigen Bruch, den er etwas umständlich an die graue, etwas nach Kuhstall riechende Mütze steckte. Seine Freude wirkte etwas verhalten. Mit kurzen Schritten trat er um das Stück herum, besah es sich mit schiefem Kopf von allen Seiten und fragte dann endlich: „Ist das nun ein Schmaltier?" „Natürlich", sagte ich, und wies auf die Schneidezähne.

Da ging ein Leuchten über sein Gesicht. Ruckartig warf er sich in die Brust, hieb seinem Freund den Ellenbogen in die Rippen und sagte strahlend: „Siehste Karl, hab ich doch gesagt, das war mehr als ein Reh!"

Der „Schimmel" aus dem Krelinger Bruch

Weit hinter dem letzten Hof des Dorfes, wo die Wege schlechter, der Wald lichter und die Bäume krüppeliger werden, beginnt das Krelinger Bruch. Ein wildes Gelände, eine tückische Mischung aus Niedermoor und sumpfigem Bruchwald. Kein Mensch geht da hinein, denn das wabernde braune Moor trägt nicht, und modernde Baumleichen, einst stolze Fichtenriesen, die der Orkan in einer Nacht ausriss, wie Spielzeug warf und türmte – sperren den Weg in diesen gefährlichen Sumpf.

Aber die Sauen fühlen sich wohl dort, und alte Keiler stecken oft im Krelinger Bruch. Viele kamen zur Strecke, aber nur einer hatte einen Namen.

Den „Schimmel" nannten ihn die Bauern, die das Bruch und die umgebenden Reviere bejagen. Schon als Überläufer war er vor Jahren aufgefallen, denn durch seine silberhelle Schwarte unterschied er sich selbst im fahlen Mondlicht von allen anderen Sauen. Später stand seine Fährte stets allein im Mais und auf den Kartoffelfeldern, und es war schon ein beachtliches Trittsiegel.

„Er ist noch zu jung, muss noch zwei bis drei Jahre warten", sagte jeweils ein Bauer zum anderen, in der Hoffnung, der andere möge es glauben und der Schimmel ihm selbst das nächste Mal bei besserem Licht kommen.

Nur der Jagdgast, der an einem schönen Septemberabend am Rande des Bruches den Dusel hatte, auf eine einzelne stärkere Sau zu Schuss zu kommen, wusste nichts vom „Schimmel". Er schoss bei schwachem Licht mit zitternder Hand zu kurz, fand keinen Anschuss und berichtete dem Jagdherrn sein Missgeschick.

Der Beständer – nennen wir ihn hier einmal Wilhelm – ist ein alter Hase, der sich auch mit starken Sauen auskennt. Mit seinem vorzüglichen Drahthaarrüden hatte er bald ein paar Borsten gefunden und am hellen Pfeifengras etwas abgestreiften Schweiß entdeckt. Er wusste beides zu deuten und nahm nach angemessener Zeit die Wundfährte auf. Der Hund war auch nach fünfhundert Metern noch richtig, aber es gab in der Fährte keinen Schweiß oder sonstige Bestätigung mehr, dafür aber viele andere Saufährten. Wilhelm wollte seinen Vorstehhund nicht überfordern. Er rief bei mir an und bat um Hilfe mit dem Schweißhund. Mir klang noch von der Frühpirsch das Röhren der Brunfthirsche in den Ohren, ich war müde, wollte am Sonntag eigentlich etwas ruhen, fuhr aber dennoch sofort zu Wilhelm.

„Cilla", die Hannoveranerin hat kaltes Blut, und nichts von der inneren Unruhe der Menschen, die an einem Anschuss stehen, überträgt sich auf sie.

Man meint, spöttische Überlegenheit in ihrem ernsten Gesicht zu erkennen, wenn sie gelangweilt neben dem Anschuss sitzt und wartet, bis die Menschen mit den Augen endlich stümperhaft einen Bruchteil dessen feststellen, was ihre feine Nase in Sekunden mit untrüglicher Sicherheit meldet.

Ich weiß das und gebe mir nicht mehr viel Mühe beim Suchen und sage zu Wilhelm: „Wenn Cilla geht, lohnt es sich, ihr zu folgen, sonst sparen wir uns den Weg." Hier scheint es sich zu lohnen. Cillas kräftige Rute peitscht einmal heftig, als sie an einem Pfeifengrasbüschel reisert.

Dort finde ich eine Borste: Sie ist vom Rumpf, etwas tief vielleicht.

Auch Wilhelm hatte die Sache so gesehen und deshalb zuversichtlich seinen Vorstehhund suchen lassen. Wir meinen, die Sau müsse im sumpfigen Windbruch stecken und nun nach sechzehn Stunden längst verendet sein. Aber Cilla weist einen anderen Weg, der beweist, dass die Sau sich örtlich genau auskannte. Geschickt hat sie die weichen Stellen gemieden und unsichtbare Stege benutzt.

Wir kommen aus dem Moor heraus in das lichtere Holz und in die Heide. Wilhelm sucht verzweifelt nach Schweiß oder sonstiger Bestätigung – vergebens. Ich trotte vertrauensvoll hinter meinem roten Hund her. Abstellen wollen wir das Gelände nicht. Ich will erst sehen, „wohin die Reise geht."

Und alles deutet auf eine bevorstehende längere Reise, denn längst folgen wir einem ausgetretenen Fernwechsel durch lichte Kiefern, Birkenanflug und über sumpfige Blößen mit Beerkraut und Glockenheide. Vor uns kreuzen sich zwei zugewachsene Moorgräben, die wenig Wasser führen. Hier laufen verschiedene Wechsel zu einer vielbesuchten Suhle zusammen.

Cilla hält sich damit nicht lange auf. Ihre Nase tastet sich ein Stück in dem Graben entlang und folgt dann wieder gelassen einem breiten Wechsel durch das Altholz. Einmal verheddert sich der stets schleifende Lederriemen hinter einem Wacholderstrauch. Der Hund steht fest in der Fährte, wartet geduldig und äugt über die Schulter zurück. Dieser ruhige Blick muss jeden Zweifel zerstreuen, den ich aber ohnehin nicht habe.

Am Rande des Holzes erreichen wir einen Sandweg. Dort steht deutlich die Einzelfährte einer starken Sau. Eigentlich deutet nichts darauf hin, dass es sich um eine Wundfährte handelt, als Hundeführer genügt mir aber das Verhalten meines Partners.

Wir sind schon jenseits des Weges in einer Dickung, als Wilhelm feststellt, dass hier seine Jagd zu Ende ist. Aber das macht nichts. In dieser Gegend kennt er alle Nachbarn gut und alle kennen ihn. Es gibt kaum einen jüngeren Jäger, der nicht durch seine Schule ging und dem er nicht auch mit deftigen Worten den jagdlichen Anstand gepredigt hat. Diese Grenze ist kein Problem.

Aber dieser Jagdbezirk ist nicht breit. Nach einem knappen Kilometer erklimmt Cilla die Böschung der vielbefahrenen Kreisstraße. Dort bei Kilometerstein 7,5 beginnen nun alle Widerwärtigkeiten der bis dahin so normal verlaufenen Nachsuche. Die Eigenjagd jenseits der Straße hat erst kürzlich ein Fremder aus der Großstadt gepachtet. Niemand hat bisher mit ihm über Wildfolge gesprochen.

Cilla drängt weiter und hat an der gegenüberliegenden Böschung schon die Fährte der Sau und den Einwechsel in eine große bürstendichte Fichtendickung ausgemacht.

Aber Wilhelm, der sonst gewiss kein zaghafter Mann ist, weigert sich standhaft, auch nur einen Fuß über die Straße zu setzen. Er kennt den neuen Jagdpächter nur vom Hören, und was er hörte, war angeblich nicht geeignet, ihn von seiner Haltung abzubringen.

So verbrechen wir denn die Fährte und mir bleibt nichts übrig, als meinen schweren Hund lobend abzutragen. Etwas ungehalten trotten wir einen Abkürzungsweg in Richtung unserer Autos. Unterwegs treffen wir einen Bauern auf seinem Feld. Es ist ein weiterer Jagdnachbar. An dem Schweißhund erkennt er sofort die Lage und meint nach kurzem Gespräch mit Wilhelm: „Das wird doch nicht mein Schimmel sein. Sagt mir Bescheid, wenn ihr was findet."

Doch bis dahin ist es noch weit. Wir fahren mit dem Auto ins Dorf und suchen dort einen Mann, der den Namen eines großen seefahrenden Entdeckers trägt, im Übrigen jedoch ein recht bodenständiger Kneipier und Jä-

ger ist. Er soll der Kontaktmann zu dem großstadtfernen Jagdpächter sein. Wir erfahren, dass Ulli keine Befugnisse, aber immerhin die Telefonnummer des Fremden hat, über die Wilhelm nun etwas barsch eine Vorzimmerdame alarmiert.

Zum Thema wilder Schweine ist das Mädchen rat- und relativ sprachlos. Sie weiß sich nicht anders als durch vorläufige Flucht zu helfen und sagt: „Der Chef ist in einer Besprechung, ich rufe zurück."

Nun sind die Heidjer recht geduldige und besonnene Menschen, aber auf einer Wundfährte wartet man nicht gern auf ein Signal aus einer fernen Hochhausetage, und das erst recht nicht, wenn der Tag sich langsam neigt.

Wir trinken zuerst Kaffee, der versprochene Anruf bleibt aus. Noch trommelt Wilhelm verhalten mit den Fingern die Stammtischplatte, dann trinken wir ein Bier und diskutieren unter anderem die Vor- und Nachteile weit entfernter Jagdpächter. Einem zufällig anwesenden Jagdgenossen gegenüber fallen deutliche Worte. Noch einige Zigaretten verrauchen, bis Wilhelm endlich entschlossen sein Glas auf den Tisch knallt und erneut zum Hörer greift. Die Dame in der Großstadt schien uns schlicht vergessen zu haben, holt sich nun aber Order: Wir sollen weiter „aufsuchen", und falls wir ein Schwein finden, sollen wir es in eben diese Gaststätte bringen, und zwar „ausgeweidet"!

Einer meinte, der letzte Hinweis sei überflüssig gewesen. Was ein anderer dazu sagte, will ich hier nicht niederschreiben.

Bei Kilometerstein 7,5 bleibt Wilhelm auf dem Rückwechsel an der Straße, weil Sauen – einmal angerührt – fast immer auf ihrem Einwechsel die Dickung verlassen. Und dort liegt unsere Chance, denn ich möchte meinen Hund so nahe der Straße auf keinen Fall schnallen. Erst kürzlich hatte ich meine erfahrene Schweißhündin – Cillas Vorgängerin – in ähnlicher Situation von schweren Reifen zerquetscht vom Asphalt tragen müssen. Diese Cilla bescherte mir nur ein glücklicher Zufall; ich möchte sie nicht auch noch riskieren.

Die Dickung hat es in sich. Die Fichten stehen dicht, dazwischen türmen sich noch die Wurzelteller des vom Sturm geworfenen Vorbestandes. Angeflogene Birken, Dornen und Adlerfarn bilden einen fast undurchdringlichen Filz.

Bei einer winzigen Blöße, nahe an einem morschen Stubbenwall überklettert Cilla einen Wurzelteller und verschwindet in einem dunklen Tunnel aus Farn und hängenden Fichtenästen.

Und dann geht plötzlich alles drunter und drüber. Wie ein Tennisball kommt der Hund wieder aus dem Loch hervorgeschossen. Ich reiße die Büchse vom Rücken und richte die Mündung dorthin. Bevor ich entsichert habe, ist die Sau schon da. Ich schreie den Keiler an – sinnlos –, mein vorgestreckter Karabiner fliegt mir aus der Hand. Ich will schnell zurücktreten, stolpere, falle, rappele mich hoch, suche verdattert die Sau, aber die ist schon wieder weg. Zurück in ihre „Höhle" und dort verschwunden.

Noch etwas schreckensstarr hebe ich meine Büchse auf. Ich bin unverletzt. Trotz des Erschreckens habe ich die Sau deutlich gesehen, und mir ist aufgefallen, dass ihre Schwarte auffallend hell, fast silbrig war.

Langsam ziehe ich den langen Schweißriemen aus dem Gestrüpp. Erst jetzt merke ich, dass Cilla nicht mehr dran ist. Sie hat sich aus der bewusst weit geschnallten Halsung selbst befreit.

Ein neuer Schreck überfällt mich. Meine Sorge ist berechtigt, denn schon klingt aus Richtung Straße Cillas heller Fährtenlaut. Es nutzt kein verzweifeltes Rufen und Pfeifen, das Verhängnis scheint seinen Lauf zu nehmen. Man hört ein Fahrzeug kommen, Reifen quietschen, der Hetzlaut bricht plötzlich ab, dann ist alles still.

Nur ein Hundeführer vermag nachzuempfinden, wie einem zumute ist, wenn man solche Geräusche hört und nichts sehen kann. Ich haste durch das Gestrüpp und endlich einen Seitenweg entlang zur Straßenböschung. Dort jedoch findet sich nichts mehr. Kein Hund, keine Sau und auch kein Auto. Ist vielleicht doch noch alles gut gegangen?

Wilhelm kann nichts gesehen haben, er steht eben hinter der Kurve.

Am gegenüberliegenden Straßenrand stehen die frischen Eingriffe des Keilers, aber keine Abdrücke von Cillas Branten. Wir horchen und suchen lange und bange. Nichts tut sich, bis endlich Wilhelm kommt und Cilla mitbringt. Auf der Hinfährte ist sie aus der Dickung zu ihm gekommen. Ganz verstört und geknickt schleicht sie daher. Ihre Rute zeigt keine Regung, als sie mich wiedersieht.

Ich untersuche sie sofort, taste sorgfältig ihren Schädel, die Läufe und Rippen ab, finde aber zunächst nichts. Trotzdem ist mir klar, dass dem Hund etwas passiert sein muss. Entweder wurde er vom Keiler geschlagen oder vom Auto angefahren. Trotz gut durchbluteter Schleimhäute ist nicht auszuschließen, dass Cilla innere Verletzungen hat. Es verbietet sich daher von selbst, sie erneut an diese gefährliche Sau zu bringen, bei der wir jetzt sicher sind, dass es der „Schimmel" ist.

Wieder unterbrechen wir die Nachsuche und fahren erneut zum Gastwirt „Ulli". Ich rufe einen Kollegen an, der erfahrener Schweißhundführer ist und zusätzlich einen für diese Aufgabe geeigneten Terrier hat. Leider sagt der wegen anderer dringender Aufgaben im eigenen Forstamt ab. Weiter entfernt stehende Schweißhunde sind alle im Einsatz und unerreichbar, es ist schließlich Hirschbrunft. Wir stehen alleine. Aber aufgeben will ich natürlich auf keinen Fall. Der „Schimmel" ist krank und muss zur Strecke.

Weil Cilla nach längerer Pause schon einen besseren Eindruck macht, beschließen wir, nochmals zur Straße zu fahren, um wenigstens festzustellen, wohin der Keiler geflüchtet ist. Ob er wieder die Richtung zum Krelinger Bruch oder zu den großen Dickungen nahe des Dorfes genommen hat. Danach wollen wir entscheiden, wie wir morgen früh weitermachen wollen. Cilla nimmt die Fährte sofort wieder auf, geht aber sehr langsam und schaut sich oft zu mir um. Mir ist nicht klar, was ich in diesem Moment von ihr verlange, denn Art und Schwere ihrer Verletzung sollte ich erst am nächsten Tag auf dem Röntgenbild sehen. (Neben starken Prellungen an der Hinterhand war zwischen den Lendenwirbeln und dem Rutenansatz die Wirbelsäule durchtrennt.)

Wegen der extrem langsamen Gangart von Cilla nehme ich ihr kurzentschlossen die Halsung ab und lasse sie frei gehen, nur ab und zu durch ein leises „Halt" oder „Weiter" dirigierend. Die schussbereite Büchse halte ich dabei fest in beiden Händen und verhehle nicht, bei der Sache selbst Herzklopfen zu haben, denn unter jeder tiefbeasteten Sturmfichte kann der Keiler uns wieder auflauern.

So schaffen wir etwa einen Kilometer und stellen plötzlich anhand der ausgelegten Brüche fest, dass Cilla einen Wechsel arbeitet, den wir als Hinfährte zum Wundkessel schon hatten. Das irritiert uns nicht, auch Wilhelm kennt das, er meint: „Es ist normal, dass Sauen in ihrer eigenen Fährte zurückflüchten. Wir müssen nur aufpassen, wo sie aus dieser Doppelfährte wieder abgesprungen ist." Das heißt, Cilla muss den feinen Unterschied feststellen, der sich bei gleicher Individual- und Wundwitterung nur aus Richtung und kürzerer Stehzeit der Fährte ergibt.

Für die Hundenase scheint das kein Problem zu sein: Wir erreichen wieder die Suhle in dem verwachsenen Graben. Dort zieht Cilla erneut ein Stück im Graben entlang, wird aber noch langsamer, zögert einen Moment, wendet und kommt zurück. Das muss die Stelle sein, an der die alte Wundwitterung nicht mehr von der frischeren überlagert ist. Nach einem engen Bogen um die Suhle steuern wir jetzt direkt auf das wilde Bruch zu, geraten fast wieder an den Anschuss und endlich vor der sumpfigen Wildnis an einen breiten schlammigen Graben.

Cilla fährt mit der Nase tastend über die schwimmenden Blätter des Laichkrautes und macht Anstalten, das braune Wasser zu durchrinnen. Es scheint mir sicher: Die Sau hat hier den Graben durchronnen und steckt vor uns irgendwo im Bruch.

Ich rufe Cilla zurück. Es wäre mehr als Leichtsinn, den angeschlagenen Hund in diesem dichten Verhau, wo man stellenweise keine zwei Meter sehen kann, hineinzuschicken. Und selbst steht mir der Sinn auch nicht nach weiteren Abenteuern mit einem gereizten Keiler. Morgen früh bei Tagesanbruch wollen wir uns an dieser Stelle wieder treffen.

Es wird eine unruhige Nacht. Der Wind ist böig und zum Sturm geworden, peitscht erst schwarze Wolkenfetzen um den Vollmond und dann Regen gegen die Fenster. Im Westen über dem dunklen Wald zucken Blitze. Dort irgendwo im Sumpf steckt unser Keiler. Alle meine Gedanken sind bei ihm. Hat er sich im tiefen Moos einen Kessel geschoben, in dem er schon verendet ist? Lauert er noch hinter einem Wurzelteller auf seine Verfolger? Oder ist er gar – von geringer Verletzung erholt – bereits in die Felder gezogen und schwelgt im Schutz der tobenden Nacht im Überfluss goldgelber Maiskolben?

Morgens um sieben ist es nasskalt und noch fast dunkel. Aber der Sturm hat sich gelegt, und es regnet nicht mehr. Cilla hatte sich abends kurzentschlossen in den Korb des verblüfften Dackels gelegt, weil sie ihren eigenen erhöhten Liegeplatz nicht erreichen konnte. Gegen Morgen wirkt sie erholter, nur ihre Rute hängt noch merkwürdig schlaff.

Natürlich fährt sie wieder mit zum Krelinger Bruch. Aber wir haben vorgesorgt: Am Treffpunkt erscheint pünktlich Peter Wichmann, Schweißhundführer aus dem Nachbarkreis mit seinem riesigen Hannoveraner „Alban". Nach kurzer Besprechung steht der Plan fest: Cilla soll zunächst die Fährte wiederfinden und bestätigen. Ihre große Erfahrung in diffiziler Riemenarbeit ist wertvoll, denn dieses Bruch steckt voller Verleitwild, und der Regen der Nacht hat gewiss einen Teil der Witterung fortgeschwemmt. Dann soll der robuste Rüde weiterarbeiten und eine eventuelle Hetze übernehmen, zu der Cilla heute wohl nicht fähig ist.

Wir wollen uns den Graben sparen und gehen gleich auf der anderen Seite zu der gestern verbrochenen Stelle, das heißt, wir waten von Bült zu Bült und turnen über bemooste Windwürfe, wobei ich Cilla gelegentlich tragen muss. An der Stelle des vermuteten Ausstiegs prüft Cilla die Böschung lustlos, bleibt zuletzt stehen und richtet sich an mir hoch. Auch auf weitere freundliche Aufforderung reagiert sie nicht anders. Endlich setzt sie sich auf die Keulen und äugt mich fragend an. „Die ist krank, sie kann nicht arbeiten", meint Peter, „oder der Regen hat alle Witterung verwischt." Ich aber deute den Hundeblick anders und erkenne meinen Irrtum von gestern Abend:

„Die Sau ist hier nicht ausgestiegen, wir müssen zurück auf die andere Seite."

Also hangeln und waten wir zurück über schwimmendes Moos und faulende Bäume bis zur gestern verbrochenen Stelle auf der anderen Seite dieses verflixten Grabens. Dort geht gleich ein kleiner Ruck durch Cillas Körper und schon folgt sie in typischer Manier einer unsichtbaren Linie. Langsam, aber sehr konzentriert zieht sie durch das Moor, immer dort, wo der Bewuchs am dichtesten ist. Eine Bestätigung der Wundfährte können wir nicht erwarten, zu sehr hat es in der Nacht geregnet. Hier gibt es nur noch Signale für die feine Hundenase.

Eigentlich sollte „Alban" nun übernehmen, aber auch Peter meint, es sei besser, Cilla jetzt nicht zu unterbrechen. So führt uns der Hund durch das Moor, bis wir nach einem weiten Bogen von mehreren Hundert Metern erneut vor dem morastigen Graben stehen. Diesmal müssen wir hinüber, aber zum Glück ist er hier weniger breit. Drüben wird der Bestand wieder dichter. Stellenweise müssen wir den Windwurf durchkriechen und können keine fünf Meter sehen. Ich krieche auf Knien durch den Morast, habe in einer Hand den Schweißriemen, in der anderen die Büchse. Ich krieche langsam und spähe aufmerksam nach vorne. Mir ist das gestrige Erlebnis noch recht gegenwärtig.

Wir erreichen eine Stelle, wo der Boden fester wird und der Bestand lichter. Dort stoppt Cilla, schlägt einen kleinen Bogen und arbeitet zurück. Aber nicht in der Fährte, sondern vier bis fünf Meter unter Wind parallel daneben. Das ist ihre bewährte Taktik, Widergänge auszuarbeiten und die raffiniertesten Verleitmanöver des Wildes zu entschlüsseln.

Ich weiß nun, dass die Nachsuche zu Ende geht. Trotz seiner Verletzung hat der Keiler hier noch bewusst einen Widergang und gleich darauf zwei weitere Haken gelegt, um seine Verfolger zu irritieren. Wir Menschen wären auch sicher hilflos, hätten wir nicht den Kameraden Hund zum festen Verbündeten. So muss der Keiler am Ende doch verlieren.

Gleich darauf steht Cilla und verweist etwas. Es ist frisch angeschobene Erde. Nur ein halbarmlanger Streifen aufgewühltes Moos, aber die erste Bestätigung seit einer knappen Stunde Riemenarbeit und der erste Hinweis auf einen baldigen Wundkessel.

Etwas weiter rinnt Cilla schon wieder durch einen Moorgraben. Drüben muss sie warten, bis wir uns aus morschen Stämmen einen Steg gelegt haben. Als der fertig ist, traut ihm aber doch niemand, und wir versuchen es mit einem weiten Sprung. Dabei füllen wir uns die Stiefel mit Wasser. Aber das stört nach der bisherigen Tortur nicht mehr.

Kaum eine Riemenlänge weiter stoppt Cilla jäh, zieht die Behänge hoch und spannt den Rücken. Das bedeutet: Wir sind nahe am Stück. Ich entsichere den Karabiner und suche mit den Augen das Wasser, die Binsen, die Baumstämme und Jungfichten ab. Cilla äugt starr in eine Richtung. Aber dort sieht man im gelben Gras nur einen Ameisenhaufen. Ameisenhaufen? Hier im Sumpf? Ein paar Schritte zur besseren Sicht schaffen Klarheit: Vor uns liegt auf einer kleinen Blöße am Ufer des Grabens eine starke Sau. Verendet. Ein Keiler. Einfach liegen geblieben. Er hat sich keinen letzten Kessel mehr geschoben. Hatte dazu keine Zeit mehr gehabt, denn er befand sich auf der Flucht. Auf einer Flucht, die zu einem aufregenden Duell zwischen einem Wildtier und einem Hund wurde. Das Wildtier musste verlieren. Ein junger Jäger freut sich. Er gilt als Erleger und fühlt Stolz.

Von der krüppeligen Moorkiefer bricht einer drei Brüche. Einen bekommt der Jäger. Einen großen steckt er hinter Cillas breite Halsung. Den größten aber legt er respektvoll auf eine Schwarte. Dahin, wo frische Schmisse und alte Narben von mutigem Kampf, heißer Rauschzeit und den Wagnissen eines langen Lebens erzählen.

Die Schwarte ist hell. Auf dem feuchten Moos schimmert sie silbern. Er ist es. Der „Schimmel" aus dem Krelinger Bruch.

Ein guter Hirsch, viel Glück und wenig Freude

Ein kapitaler Hirsch kam zur Strecke. Ein reifer Erntehirsch mit bester Trophäe, und eine Hannoversche Schweißhündin hatte gute Arbeit geleistet.

Eigentlich viele Gründe für dankbare Freude, fröhliches Feiern und knallende Korken. Dennoch wollte nichts dergleichen aufkommen. Besondere Umstände bewirkten, dass der Erleger stumm und geknickt am Hirsch seines Lebens kniete, der Revierinhaber aus langem Gesicht kein Waidmannsheil hervorbrachte und selbst dem erfolgreichen Schweißhundführer nach einer Bilderbucharbeit am Hirsch das Blut in den Adern gefror.

Und diese Umstände waren unterschiedlicher Art: Das Geweih des Kapitalen war zu sperrig für das schmale Kästchen IIb der Abschussrichtlinien. Ein paar Pfund Knochenmasse drückten die Waage zu tief und den Korken wieder in die Schampusflasche. Der unerklärliche Weg eines Projektils beendete das lange Leben eines braven Heidehirsches und jagte zwei erfahrenen Jägern eine Gänsehaut unter das grüne Hemd.

Aber der Reihe nach: Die ersten Augusttage brachten uns plötzliche Hitze, sengende Sonne, schwülwarme Luft, großen Durst und meinem Hund einen Magen-Darm-Infekt. Als ich der Patientin gegen 22 Uhr noch ein Medikament brachte, schien es ihr schon besser zu gehen. Ich strich der roten Dame über das dunkle Gesicht und sprach ihr Trost zu: „Das geht vorbei, morgen wird alles schon besser sein. Ich wünsche uns beiden für morgen eine Nachsuche auf einen starken Hirsch. Eine erfolgreiche natürlich." Ein Gute-Nacht-Wunsch nur. Wie sollte ich auch wissen, dass der alte Rothirsch, den wir am nächsten Tag tatsächlich nachsuchen sollten, zu diesem Zeitpunkt die Kugel schon hatte. Aber erst sollten wir noch unsere Nachtruhe, andere aber große Aufregung haben.

Nur einige hundert Meter entfernt saß in einem angrenzenden Revier ein Gastjäger auf einer abenteuerlich unsicher anmutenden Eisenleiter an der Feld-Wald-Kante vor einem Getreideschlag. Gar nicht weit vom Dorf und doch völlig ungestört. Bei noch gutem Licht trat der erwartete Feisthirsch aus dem Stangenholz und stand breit und wuchtig auf dem schmalen Rübenstreifen am Rande des Roggenschlages. Welchen Jäger lässt solch ein Anblick schon kalt? Besonders dann, wenn er einen IIb frei hat. Da werden Haut und Hände feucht, das Fernglas beschlägt plötzlich, die Knie zittern, der Zeigefinger zuckt und das Ganze wird durch ein wild gewordenes Herz geschüttelt.

Ein guter Hirsch: oder scheint es nur so? Ist er noch ein IIb? Wie war das noch? Bei einseitiger Krone acht … was denn, Pfund oder Enden? Nein, Jahre! Bei doppelter Krone und mehr als zehn Enden zwölf Jahre, aber nicht mehr als fünf Kilogramm. Sonst ist er ein Einser, und den einzig freigegebenen Ia schoss vor ein paar Tagen der Bestäner schon. Ein Zweiter wäre eine Katastrophe. Die Enden des noch hellen, eben erst gefegten Geweihs sind gegen das gelbe Getreide schlecht zu zählen. Wie viel sind es nun eigentlich? Wenn sie weniger als fünf Zentimeter lang sind, zählen sie nicht mit. Oder sind es vier Zentimeter? Die Zeit verrinnt.

Der alte erfahrene Heidehirsch, der wenigstens zwölf Feistsommer miterlebt hat, gibt sich angesichts komplizierter Auswahlverfahren unbeteiligt und macht Anstalten, im Getreide zu verschwinden. Das Leben besteht aus verpassten Gelegenheiten! Was soll's – raus ist die Kugel.

Tief stanzen die Schalen des Getroffenen den weichen Ackerboden. Mit langen Fluchten jagt er im Bogen durch die reifen Ähren auf den schützenden Wald zu, strauchelt scheinbar ein wenig, und gleich darauf schluckt der nun schon dunkle Wald das ganze Geschehen und gibt keine Auskunft mehr. Zurück bleibt ein etwas verdatterter und nun noch mehr verunsicherter Gastjäger auf einer rostigen Eisenleiter.

So etwas kommt vor und bedeutet noch keine Katastrophe, sofern man besonnen reagiert und einen kühlen Kopf behält. Dass hier aber erst alles schief lief, ist dem unglücklichen Schützen nicht anzulasten; er war nur Gast und hatte keinen Einfluss mehr auf die Dinge. Vorerst tat er das einzig Richtige; er ließ alles in Ruhe und ging zurück ins nachtruhende Dorf.

Nicht immer sind Vernunft und Befugnis an einer Stelle vereint. So kam es, dass sich bei der anschließenden Diskussion unter den zuständigen Weidgenossen ausgerechnet jener durchsetzte, der meinte, man könne mit Hilfe künstlicher Lichtquellen sogleich der flüchtigen Beute habhaft werden.

Gegen Mitternacht zogen sie erneut hinaus; bewaffnet mit starken Taschenlampen und einem Hund, den man für dieses Unternehmen auch geweckt hatte.

Selbst der Hundeführer hatte die Sache nicht ganz in der Hand, sonst hätte dieser sicher darauf gedrungen, sich auf dem Anschuss zunächst Klarheit zu verschaffen, um danach zu entscheiden, ob man eine Folge in die Dunkelheit hinein riskieren könne. Böse Nachbarn behaupten allerdings, in diesem Fall hätten der in gut drei Stunden zu erwartende Sonnenaufgang und eine nahe „feindliche" Reviergrenze eine gewisse Eile geboten. Aber das bestätigte sich später nicht.

Viele Laternen und Gewehre zogen zu der Stelle, wo der Hirsch im Wald verschwunden war. Der Hund wurde auf die frische Fährte gesetzt, und ab ging die Jagd in die Dunkelheit und ins Ungewisse. Wohl niemand machte sich Gedanken über das, was nun kommen konnte und kommen musste. Schon nach gut hundert Metern waren sie am Wundbett des Hirsches. Der stand rechtzeitig auf und flüchtete unbemerkt über die „feindliche" Grenze. Damit hatte die Nachtsuche ein Ende. Man tastete sich durch die Finsternis wieder nach Hause.

Als nächsten Morgen waren wir dran, die Nachsuche zu übernehmen. Da es nicht mein Revier war, in das man des Nachts den Hirsch hinein getrieben hatte, und der zuständige Kollege im Urlaub war, bat ich einen seiner ortskundigen Waldarbeiter, einen erfahrenen Hochwildjäger, um Unterstützung. Der kam sofort, obwohl auch er Urlaub hatte und eigentlich Getreide mähen wollte. Die mitternächtlichen Nachsucher hatten aus verschiedenen Gründen leider keine Zeit.

Vom Schützen ließen wir uns zunächst den Anschuss zeigen, den er uns präzise angeben konnte. Neben den tiefen Eingriffen fanden wir nur wenige dunkle Spritzer Wildbretschweiß, in denen helle Schnitthaare eingetrocknet waren. Die Trittsiegel standen in der Fluchtfährte vollständig und normal. Der Schweiß wurde bald weniger, lag aber immer mitten in der Fährte, also nicht deutlich an der Ein- oder Ausschussseite. Dadurch war klar: Kein Laufschuss, kein Waidewundschuss, reiner Wildbretschuss, dieser aber nicht in Laufnähe, da der Schweiß nicht an einem Lauf heruntergeronnen war. Sonst hätte er ja immer in der Nähe eines Trittsiegels stehen müssen und nicht mitten zwischen den Läufen. Möglicherwei-

se ein Brustkernschuss, zu dem auch das vom Schützen beschriebenes Zeichnen passen konnte. Auf keinen Fall konnte es aber ein Kammerschuss sein, der einzige, der durch Lungenschweiß eine sofort tödliche Wirkung angezeigt und eine baldige kurze Suche zur Bergung des Wildbrets gerechtfertigt hätte.

Wir wussten nun durch diese Pirschzeichen, dass der kranke Hirsch noch leben musste. Das erfordert einen schnellen energischen Hund. Kein Problem für Laika, ihre Spezialität sogar, aber wir mussten trotzdem unser Verhalten darauf einrichten und jedes in Frage kommende Waldstück abstellen. Das übernahm Albert H., der nicht nur das Revier, sondern auch die dortigen Wechsel gut kennt.

Wir vermuteten, dass der Hirsch die relativ kleine Exklave Staatsjagd bald verlassen hatte und über die Kreisstraße in ein großes Bruchgelände nahe der Autobahn gewechselt war. Dorthin führte schon manche Nachsuche. So stellte Albert auch die beiden dorthin führenden Wechsel ab.

Zur vereinbarten Zeit lege ich Laika am Rand des Getreidefeldes zur Fährte, wo sie gleich auf einem trockenen Kiefernast etwas Schweiß verweist und dann zielstrebig in das Kiefern-Altholz hineinzieht. Erwartungsgemäß nimmt sie die Richtung zur Straße. Ich freue mich schon, dass wir richtig abgestellt haben, als vor einer alten Sandgrube der Hund plötzlich einen scharfen Haken nach rechts schlägt und nach kurzer Orientierung fast rückwärts wieder auf das Getreidefeld zu arbeitet.

Sollte das ein Widergang sein? Alte Hirsche bedienen sich gelegentlich solcher Finten, wenn sie merken, dass sie verfolgt werden. Und dieser weiß es ja mit Sicherheit.

Ich lasse den Hund gewähren. Er hat nicht immer, aber meistens recht. Auf jeden Fall aber, solange ich es nicht besser weiß. Schon bald kommt der nächste Widergang, aber die grobe Richtung behalten wir bei, nicht mehr zum Bruch jenseits der Straße, sondern auf den Lohberg zu, wo ich ganz nahe der Autobahn in einem dichten Kiefern-Stangenholz einen guten Rotwildeinstand weiß.

Wir verlassen ein lichtes Altholz. Die Hundenase führt in einen jüngeren Bestand. Dort suche ich auf einem Wechsel intensiv und finde auch ein Tröpfchen Schweiß. Wieder mitten in der Fährte. Jetzt bin ich ganz sicher, wir werden die Straße nicht queren und müssen anders abstellen.

Ich lege Laika in der Fährte ab und mache mich auf den Weg, die vorgestellten Schützen zu holen. Albert H. fährt mit dem Auto das nächste Wegequadrat ab, stellt neu an und kommt zurück. Er soll mich jetzt begleiten, damit ich nicht versehentlich in das Revier eines Nachbarn hineinsuche, mit dem keine Nachsuchenvereinbarung besteht. Gerade in dieser Gegend gibt es viele kleine Reviere, die in dieser Hinsicht ihre Eigenarten haben.

Zur Fährte zurückgekehrt finde ich Laika schlafend. Sie hat sich, weil es länger dauerte, auf der Wundfährte zusammengerollt und wartet. Diese phlegmatische Gelassenheit der Schweißhunde bewundere ich immer wieder. Sie tun so, als ginge sie das Ganze gar nichts an und sind im richtigen Moment doch hellwach und zu vollem Einsatz bereit.

Bedächtig erhebt sie sich und weiter geht's. Wir folgen einem deutlich sichtbaren Wechsel. Nach einigen hundert Metern kommt wieder ein Haken nach links. Dort verweist der Hund Schweiß und wir erkennen ein Wundbett. Es ist nicht frisch, der Schweiß ist eingetrocknet. Für die Hundenase ist aber von hier an die Fährte frischer.

Laika strebt heftig vorwärts und zeigt plötzlich Erregung. Nach weiteren hundert Gängen stehen wir vor einer kleineren Kieferndickung. Die Bäume sind etwa 2,5 Meter hoch und stehen bürstendicht. Der Hund will hinein. Aber langsam! Hier könnte der Hirsch stecken. Ich

komme mit meinem Begleiter überein, dass er den etwa 80 Meter breiten Streifen umschlägt und sich an einer Ecke vorstellt.

Dann bekommt Laika wieder den Riemen. Heftig zieht sie in das grüne Dickicht hinein. Ihre erfahrene Nase hat ihr längst gesagt, dass es gleich wieder losgehen wird, das oft erlebte Jagen, Stellen, Angreifen, Verteidigen, Fassen, Rufen, Warten auf den Fangschuss.

Nadeln und Zweige schrammen meine Hände, peitschen mein Gesicht. Hin und her geht es. Plötzlich sind wir wieder im Freien. Aber fünfzig Meter weiter geht es wieder hinein in den stechenden und kratzenden Dschungel.

Dann plötzlich ein kurzer Laut des Hundes und der Riemen wird schlaff. Laika bleibt stehen und wartet darauf, von der Halsung befreit zu werden. Sie kommt mir sogar ein Stück entgegen, damit es schneller geht. Gleichzeitig sehe ich ein mächtiges Geweih zwischen den Kiefern davon schaukeln. Nur für einen Moment, aber sofort ist mir klar, dass wir hier einen sehr starken Hirsch vor uns haben und mir kommen Zweifel, ob es der Gesuchte ist. Aber es ist unwahrscheinlich, dass ein gesunder Hirsch uns so nahe heranlässt und zufällig in der Wundfährte sitzen sollte. Laika wird es feststellen. Wenn sie den Hirsch stellt, ist es sicher der kranke, und es kann später höchstens für den Erleger nicht der ganz richtige sein. Für uns spielt das keine Rolle. Hund und Führer haben nur ein Ziel: Ein angeschweißtes Tier um jeden Preis zur Strecke zu bringen.

Auf Laika ist Verlass. Schon etwa fünfzig Meter weiter hat sie den Hirsch gestellt. Ihr Standlaut klingt wütend, für mich ein Zeichen, dass der Geweihte sich wehrt. Ich versuche langsam an beide heranzukommen, schlage dabei einen Bogen, um unter Wind zu bleiben. Ich muss sehr nahe an ihn heran, die dichten Kiefern stehen wie eine Wand vor mir und geben nur drei bis fünf Meter Blickfeld frei. Das geht nicht so schnell, aber ich kann mir auch Zeit lassen, der tiefe Standlaut des roten Hundes kommt regelmäßig und sagt mir, dass Laika den Hirsch sicher bindet.

Meinen kurzen Nachsuchenkarabiner, den zuverlässigen Vorkriegs-98er, den ich auf Nachsuchen nur unterladen trage, habe ich längst durchrepetiert. Schon bin ich auf etwa 10 Meter am Geschehen, kann aber noch nichts sehen. Für einen Augenblick ist Laika bei mir. Sie weiß jetzt, dass ich da bin und stellt noch schärfer.

Bedrängt sie den Hirsch nun zu stark oder hat er mich bemerkt?

Jedenfalls krachen plötzlich Äste, schwere Läufe trommeln den Boden und Laikas Standlaut geht in giftigen Hetzlaut über. Aber nicht lange. Schon steht die Jagd wieder. Diesmal kann ich eine Pflanzreihe entlang gehen. Bald bin ich wieder „dran", sehe das sich gegen den Hund senkende Gehweih und zwischen dichtem Grün ein Stück roter Decke.

Das muss ungefähr Körpermitte sein, meine ich, und schieße aus etwa sechs Meter Entfernung auf diesen Fleck. Die Zielrichtung ist etwa Dickungsmitte, wo am gegenüberliegenden Rand niemand steht. Ich höre den schweren Hirsch fallen und sogleich Laikas Knurren. Sie hat sich schon an seinem Träger festgebissen. Das ging gut. Ich kann zufrieden sein und nehme bedächtig die leere Hülse der 8x57 aus dem Patronenlager.

Doch plötzlich, noch bevor ich Hirsch und Hund erreiche, geht die Jagd weiter. Wieder Hetzlaut, der sich diesmal aus der Dickung entfernt. Schnell bin auch ich draußen und erreiche eine lichte Bodensenke, wo mich ein Bild erwartet, wie es kein Maler eindrucksvoller wiedergeben kann: Zwischen den weißen Stämmen licht stehender Birken, die eben ihre ersten Blätter gelblich verfärbten und schon einzelne als leuchtende Farbtupfer in das grüne

Beerkraut gestreut haben, steht der mächtige Rothirsch. Mit immer noch stolzem Selbstbewusstsein senkt er sein weitausladendes Geweih gegen den roten Hund, der ihn mit tiefem Hals ständig umkreist und beschäftigt, sehr nahe aufrückt, aber mit geschmeidiger Eleganz jeder Bewegung der langen gefährlichen Augsprossen ausweicht.

Der Hirsch macht keinen kranken Eindruck, obwohl ich den Brustkernschuss erkennen kann. Er wirkt nicht gehetzt, eher belästigt, ist sich seiner Überlegenheit voll bewusst.

Mit dem Fangschuss muss ich warten, bis mein Hund in Sicherheit ist. Zwar verwende ich bei Nachsuchen Vollmantelgeschosse, um den eng stellenden Hund nicht durch Geschosssplitter zu gefährden, aber wer weiß schon immer, wie ein Projektil die Richtung ändern kann.

Als Laika nach einem Ausfall des Hirsches einmal einen weiteren Bogen schlägt, komme ich spitz von hinten auf der letzten Rippe ab. Diesmal fasst die Kugel das ganze Leben.

Vor mir liegt ein starker Feisthirsch, den ich mir jetzt erst richtig betrachten kann. Auf dem kräftigen Körper glänzt die Decke fahlrot und geht am Stich, wo sich schon die wachsende Brunftmähne zeigt, in ein aschfarbenes Grau über, das sich bis zum Haupt zu einem greisen Weiß lichtet. Breite Rosen, die tief auf der Schädeldecke aufliegen, tragen die wuchtigen bis in die Kronen geperlten Stangen. Die Masse des Geweihs liegt im unteren Drittel. Diesem Hirsch braucht man nicht in den Äser zu schauen. Er ist alt und reif.

Während meine Hände den braven Hund lobend streicheln, wandern meine Blicke immer wieder über das vielendige Geweih, und ich muss an die strenge Bewertungskommission denken, die ja das Maß des jagdlichen Erfolgs mit Waage und Bandmaß beurteilt. Dies ist sicher eine der besten Trophäen dieses Jahres und gewiss kein Hirsch der Klasse IIb. Ich weiß nicht, ob ich mich mit dem Erleger freuen oder mit ihm trauern soll. Er ist ein sehr verantwortungsbewusster Mann und zudem noch Gast in diesem Revier. Am Ende kommt es noch so weit, dass er sich über den Hirsch seines Lebens gar nicht freuen wird.

Aber vorläufig weiß er ja noch gar nichts davon. Vor lauter Freude, Schauen und Denken habe ich die anderen Jäger fast vergessen.

Da kommt schon Albert H., der ja auf der anderen Seite der Dickung vorstand und nach zwei Fangschüssen und Verstummen des Hundelautes weiß, dass die Jagd zu Ende ist. Er steht einen Moment staunend vor dem Hirsch und sagt ein ehrliches Waidmannsheil. Aber dann greift er in die Tasche und hält mir auf der flachen Hand ein kupferglänzendes Geschoss mit deutlich eingedrückten Feldern und Zügen hin. Ich kann gar nicht glauben, was er sagt, aber es war wirklich so:

Nach dem Knall meines ersten Fangschusses spürte er an seinem Bein einen Schlag und hob gleich darauf das Projektil auf. Es gibt keinen Zweifel, es ist der vom Kern getrennte Kupfermantel meines Vollmantelgeschosses, das zuerst den Wildkörper durchschlagen hatte und dann um 90 Grad abgelenkt achtzig Meter über die Wipfel der dicht stehenden Kiefern flog, um dort den wartenden Waidgesellen zu treffen. Langsam kriecht mir ein eisiger Schreck unter die Haut. In diesem Fall war nichts Ernstes passiert, aber meine Phantasie malt mir dunkle Bilder dessen, was vielleicht hätte geschehen können. Albert nimmt das jedoch nicht so ernst und geht weiter, um endlich den eigentlichen Erleger des Hirsches herbeizuholen, der weiter draußen auf einem Wechsel vorsteht.

Sehr nachdenklich gehe ich derweil zum Auto und tausche Büchse gegen Kamera. Dieser Hirsch ist es wert, noch im Walde und von Messern unberührt fotografiert zu werden.

Zurückgekommen finde ich den „glücklichen" Erleger stumm vor dem Hirsch seines Lebens sitzend. Niedergedrückt denkt er darüber nach, wie ihm das passieren konnte. Die Stärke der Stangen hatte er wegen ihrer Länge falsch eingeschätzt, die noch hellen Enden vor dem ebenfalls hellen Getreide nicht alle gesehen. Er tut mir leid, und ich kann ihn kaum trösten.

So stehen wir alle etwas betreten an diesem seltenen Waidmannsheil, wenn auch jeder aus einem anderen Grund. Und erst langsam merke ich, dass es doch eigentlich gar keine Ursache dafür gibt. Haben Albert H. und ich nicht Anlass genug, froh und dankbar zu sein, dass wir solches Glück hatten; und ist es nicht viel zu schade, sich über die Erlegung eines so starken, reifen Hirsches zu ärgern?

Zwei Jäger anderer Art

Die Evolution ist groß und erhaben. Die macht man nicht, die findet statt. Überall, auch in der Lüneburger Heide, sogar in Ostenholz.

Da habe ich in der Westecke meines Gartens einen Teich. Der ist nur klein, dafür aber – wie sich das gehört – naturbelassen. Da gibt es viel Kraut und Grünes. Schwertlilien, Wasserdost, Igelkolben, Seerosen und viele Wasserlinsen. Unter Wasser jagen bunte Molche, Käfer und Larven. Auf dem Wasser laufen Wasserspinnen schwerelos, als seien sie vom heiligen Geist getragen. Und in der Luft über dem Wasser schwirren Schwebfliegen, Azurjungfern und hin und wieder sogar eine smaragdgrüne Edellibelle. Insgesamt eine ruhige grüne Idylle.

Fast zu ruhig, wie es mir im Frühjahr schien. Da sah ich immer häufiger und immer neidischer über den Zaun zu meinem Nachbarn Harry.

Harry hat auch einen Teich. Aber einen ganz anderen. Das ist kein Naturtümpel wie meiner, sondern eher ein Wasserbecken ohne Pflanzen. Dafür aber mit einer Umwälzpumpe, Filteranlage und Goldfischen.

Ausgerechnet dieses mehr oder weniger künstliche Becken ist Jahr für Jahr bevorzugte Sommerresidenz lebensfreudiger Wasserfrösche. Es sind nicht viele, aber diese vier oder fünf gehören gewiss zum sangesfreudigsten Stamm in ganz Ostenholz. Jede Sommernacht geben sie ein mehrstimmiges Konzert, das durch ihre weit aufgepusteten Schallblasen noch zwei Häuser weiter bei Nachbarin Bublak zu hören ist.

Nun liegt Harrys Teich nur zwanzig Meter von meinem entfernt, und durch das weit geöffnete Schlafzimmerfenster komme ich sozusagen als Zaungast trotzdem in den vollen Genuss der amphibischen Blasmusik. Aber es wurmt mich doch, dass Harrys Frösche quaken und meine nicht.

Im diesem Frühjahr sollte das ein Ende haben. Ein Vorbild musste her. Harry half aus. Als er mit dem Käscher zurückkam sagte er: „Das ist der frechste. Er hat das größte Maul und ist ewig am Quaken. Du kannst ihn immer erkennen, er ist in der Farbe noch grüner als die anderen." Ich nannte ihn Jürgen Pippin.

Jürgen sollte der konservativ-verkrusteten Gesellschaft meines Teiches mal zeigen, dass es auch anders geht, als nur satt und träge im faulenden Sumpf dahin zu dämmern und sich bis auf zwei Stielaugen stockstumm unter dem grünen Teppich der Wasserlinsen zu verstecken.

Das klappte auch sofort. Jürgen brachte Leben in den Teich. Wann immer ich kam und einen Frosch sah, war es Jürgen. Er war ständig in Bewegung, hopste unbekümmert von Stein zu Stein, sprang anderen Fröschen auf den Kopf und sonnte sich unbeschwert auf den Blättern der Seerose. Insekten gab es genug. Dem Jürgen ging es gut. Zwar selten, aber hin und wieder machte er sein breites Maul auch auf zu krächzendem Gesang.

„Jürgen gehört eben zu einem anderen Zweig der selben Art. Einem Zweig, der sich evolutionär anpassend weiter entwickelt hat. Er bewegt sich freier und kann so seine ökologische Nische besser nutzen als deine degenerierten Tiere. Frösche wie Jürgen haben dadurch Vorteile im Leben. Sie

erlangen mehr Beute, werden stärker in der innerartlichen Konkurrenz und sind dadurch erfolgreicher in der Streuung ihrer Gene. Bald wird dein Teich von Jürgens Nachkommen wimmeln und dein Garten wird einem Kurpark mit täglichem Konzert gleichen."

Das sagte mein Freund Hinrich und der muss es wissen, er ist Biolehrer.

Jürgen Pippin hatte tatsächlich einen Entwicklungsvorsprung vor seinen Mitbewohnern. Auch geistig. Jürgen entdeckte recht bald etwas, worauf seine etwas tumben Artgenossen noch nie gekommen waren: Er erkannte einen Zusammenhang zwischen Blüten und Insekten. Und er verstand es, sich diesen zunutze zu machen.

Erst legte er sich ganz nahe an der Blüte einer Seerose auf die Lauer. Da kamen mehr Schwebfliegen geflogen als an jeder anderen Stelle des ganzen Teiches. Und zwei Tage später saß Jürgen dick und breit mitten in der Blüte und hatte damit tatsächlich einen Platz im Schlaraffenland gefunden. Die Blüte hatte eine magische Anziehungskraft auf viele Insekten. Er brauchte nur sein großes Maul aufzusperren und die Beute mit der klebrigen Zunge hinein zu schaufeln.

Auch mein Freund der Biolehrer sah sich bestätigt: „Er ist ein intelligenter Frosch. Vielleicht sogar der intelligenteste Frosch in ganz Ostenholz. Es ist klar, dass die vielen Generationen der Frösche deines Teiches diesen Wettbewerbsvorteil nicht erkannten. Sie sind von Hause aus etwas beschränkt. Ihre Gene werden in der Konkurrenz zu solcher Intelligenz nicht bestehen können. Jürgen wird siegen, weil er in der Lage ist die Grenzbereiche seiner ökologischen Nische zu erobern.

Das ist Selektion. Das ist Evolution!"

Es ist ein wahrlich erhebendes Gefühl, am eigenen Gartenteich Zeuge eines Evolutionssprunges zu werden. Wir wurden nicht müde, jedem Gast unseres Hauses das fundamentalbiologische Ereignis zu zeigen. Stolz und satt und breit thronte Herr Pippin stets in der schönsten und größten Blüte, während sich das übrige beschränkte Froschvolk nach wie vor dümmlich glotzend unter Blättern und Wasserlinsen versteckte.

Im Juli, gleich zu Beginn der Ferien, erschien auch wieder mein Freund Hinrich der Biolehrer. Er wollte sich erneut vom planmäßigen Fortgang dieser naturkundlichen Offenbarung überzeugen.

„Die Natur geht ihren Gang", sagte er wissend, „und zwar immer vorwärts, niemals zurück. Was einmal im Zuge der Evolution erreicht ist, bleibt für immer."

Nicht geblieben war Jürgen. Wir fanden ihn nicht. Weder in der Blüte dort am Stein noch an der besonders großen Blüte direkt am Ufer, die seit Tagen sein Lieblingsplatz gewesen war. Vollzählig nur die dusseligen Glotzaugen der entwicklungsgeschichtlich Lahmen und Beschränkten versteckt zwischen Wasserlinsen. Vom strahlenden Jürgen weit und breit nichts zu sehen.

Wir grübelten viel und tief. Dem gelehrten Biologen fielen einige Hypothesen aus der amphibischen Ethnologie ein. Aber die waren zu gewagt. Nicht in Betracht kam die Tatsache, dass wir eben noch den Mohrle aus dem Ufergras davon wischen sahen. Es schien undeutlich so, als habe er etwas in seinem Maul davon getragen.

Mohrle ist der neue Kater von Nachbarin Bublak. Zwar noch halbstark, aber schon ein feiner Kerl, im kohlschwarzen Frack mit schneeweißem Latz. Ein richtiger Gentleman, der wohl immer seinen Spaziergang um meinen Teich herum macht, der aber ein viel zu feiner Herr ist, als dass er auch nur einen seiner blütenweißen Füße in den schwarzen Schlamm setzen würde, um einen dieser dämlichen Frösche zu fangen.

Nein, Mohrle ist nicht tatverdächtig. Oder? Könnte es sein, dass die schöne Seerose sehr nah an seinem täglichen Pirschweg blühte? Zu nah? Im Grenzbereich von Jürgens ökologischer Nische? Vielleicht brauchte Mohrle nur die Pfote auszustrecken nach einer Beute, die evolutionsgeschichtlich noch nicht angepasst war an einen Lebensraum mit bewachsenen Ufern, in dem sich Fressfeinde unbemerkt anschleichen können?

An einen Lebensraum, in dem man sich still verhalten und unter Wasserlinsen verstecken muss, wenn man überleben will?

Aber nein. Ein Hauskater als triviales Ende eines bedeutenden evolutionären Ereignisses? Das wäre zu einfach. Ich bin sicher, mein Teich steckt voller Gene des genialen Herrn Pippin. Und im nächsten Jahr wird mein Garten ein Kurpark mit täglichem Konzert sein.

Das sagt auch mein Freund Hinrich, und der ist Biolehrer.

Der Keiler aus dem Königsmoor

Es war kurz vor Weihnachten, gegen Mittag eines frostklaren Adventstages. Drei Kerzen auf dem Kranz verbreiteten eine Stimmung behaglicher Sonntagsruhe, die wir gerade bei einem guten Essen gemeinsam genießen wollten. Wenn uns zu solcher Zeit die Telefonglocke den Löffel aus der Hand schlägt, dann ist das entweder Tante Mechthild aus Nervensbüttel oder eine Nachsuche. Das Schicksal war diesmal gütig.

Es war eine männliche Stimme, die ich gut kannte, und ich wusste gleich, was sie zu bedeuten hatte. Weit nördlich, irgendwo an dem kleinen Flüsschen Luhe stand mein Freund Peter auf einem Waldweg und rief über Autotelefon an. „Ein Keiler! Freitag beschossen. Er müsste zu haben sein. Don hat bisher prima gearbeitet. Aber es ist wie verhext. Einen knappen Kilometer hat er die Fährte sauber gehalten, aber an einer bestimmten Stelle fängt er an zu spinnen. Da will er jedes Mal aufs offene Feld hinaus, wo kilometerweit kein Baum oder Strauch steht. Ich habe ihn zweimal abgenommen, jetzt streikt er!

Meine Frau sagt, der Schweißhund sei ein familienfeindliches Tier. An so einem Adventssonntag kann man das nicht bestreiten. Aber was soll's. Unser Pastor meint im Hinblick auf sein Übergewicht und seine „gesunde" Gesichtsfarbe, in der Summe ihrer Laster seien alle Menschen gleich. Sicher hat er recht. Ich habe eben meinen Hund, den Schweißriemen und den ramponierten Stutzen.

Der Hund lag unter dem Tisch, die anderen Sachen sowieso schon im Auto, denn wir hatten nicht nur Advent, sondern auch Vollmond. Und da wird das Geschirr eines Schweißhundführers ohnehin kaum trocken. Wenige Minuten später waren Cilla und ich unterwegs. Cilla tut das gern, und für mich war es auch eine Selbstverständlichkeit, denn hier war doppelte Hilfe nötig. Zunächst musste dem Peter geholfen werden. Der stand auf der Wundfährte eines Keilers, von dem er meinte, dass er zur Strecke zu bringen sein müsse, und kam nicht weiter, weil diese Aufgabe für seinen noch jungen Hund scheinbar eine Nummer zu groß war. Da ist es keine Frage, dass aus dem Lager der Nachsuchenführer immer einer einspringt, der gerade über einen älteren erfahrenen Hund verfügt. Weil unsere Hunde immer unterschiedlich alt sind, wechselt die Rolle des Helfenden ständig.

Und natürlich war da ein Jäger, der eine misslungene Sache vertrauensvoll in die Hände der Schweißhundeführer gelegt hatte. Auch der durfte nicht enttäuscht werden.

Dieser Jäger allerdings entpuppte sich als resolute Dame, die erstmals in ihrem bisherigen Leben mittlerer Dauer ein Wildschwein beschossen hatte und dies nun auch partout haben wollte.

Nach und nach erfuhr ich die abenteuerliche Geschichte der Jagd auf diesen schwarzen Keiler. Alle Keiler sind um diese Jahreszeit ziemlich schwarz, ich weiß das, aber diesem geriet eben das zum Nachteil, denn seine Haut- oder Haarfarbe wurde ihm zum Verhängnis.

Da wohnt nämlich etwas abseits des Dorfes ein Bio-Bauer, der auch auf Gesundheit und Wohlbefinden seiner Schweine Wert legt. Deshalb gewährt er seiner ganzen rosafarbenen Borstengesellschaft unter bewusstem Verzicht auf einige Kilo Mastfett das ganze Jahr über freien Auslauf auf die große Weide hinter dem Haus. Als nun dieser tierfreundliche Naturmensch am Freitag von der Ad-

ventsfeier des Posaunenchores heimgekommen war, war es eigentlich schon Samstag, denn die Feier hatte etwas länger gedauert.

Wie jeder Bauer, der mit dem Herzen bei der Sache ist, ging auch dieser trotz vorgerückter Stunde einen Kontrollgang durch seine Ställe, wobei er überall zufrieden schlafende Tiere vorfand. Nur auf der Schweineweide bemerkte er eine merkwürdige, für diese Zeit ungewöhnliche Unruhe. Er hörte aufgeregtes Grunzen und gelegentlich helles Quietschen.

Besorgt ging der Landwirt über den Hof, und was er dort auf der Schweineweide sah, wollte er zuerst nicht glauben: Im hellen Licht des Vollmondes tanzten seine Sauen scheinbar den Schweine-Sternenreigen, denn sie rannten unablässig hin und her, wufften mit fröhlicher Stimme und beschrieben dabei kleine und große Kreise.

Unser Bauer kam ins Grübeln über das Freizeitverhalten artgerecht gehaltener Hausschweine, bis ihm plötzlich auffiel, dass ein Schwein sich deutlich von den anderen unterschied. Es war nicht hell, sondern rabenschwarz. Und dieses schwarze war es, das die anderen stetig im Kreise trieb.

Obwohl der Posaunenbläser die letzten Runden im Wirtshaus ausgelassen hatte, wusste er darauf keinen Reim und weckte vorsichtshalber seine garantiert nüchterne Ehefrau. Die besah sich das Spiel im Mondschein und erkannte den schwarzen Tanzmeister sogleich als Wildschwein. Vermutlich sei es ein Keiler, meinte sie. Hinsichtlich seiner Absichten wolle sie ihm zwar nichts unterstellen, aber in Anbetracht ihrer wohlgenährten weiblichen Jungsäue müsse man da skeptisch und wachsam sein.

Den Hinweis auf den eigenen Eber tat die Frau mit einem Blick auf den stattlichen Bauch ihres Ehemannes ab: „Der wiegt inzwischen hundertfünfzig Kilo und schläft meistens."

Die Bäuerin wollte aber in ihrem Schweinestall künftig weder genetische Vielfalt noch multikulturelle Gesellschaft haben und sann darauf, solches schon im Entstehen zu verhindern. Ihr Mann lehnte ein persönliches Eingreifen ab. Er verwies auf seinen guten Anzug und glaubte auch andere Gründe zu haben. Von wilden Keilern hatte er schon viel gelesen, aber nichts Gutes.

Also musste der Jagdpächter her, und man rief ihn sogleich an. Der konnte seine Freude über den nächtlichen Anruf kaum verhehlen, zumal er auch noch glaubte, auf den Arm genommen zu werden. Denn solange er die Jagd hatte, und das waren immerhin fünf Jahre, hatte er darin kein Wildschwein gesehen. Der so gestörte Waidmann lehnte ab und empfahl dem Bauern, sich richtig auszuschlafen.

Aber auch hier nahm eine Frau erst das Heft und dann das Gewehr in die Hand. Die Gattin des Jagdpächters hatte nämlich in diesem Jahr auch den Jagdschein gemacht und gehört, dass Keiler unter dem Druck bestimmter Hormone gelegentlich recht weite Reisen auch in ihnen sonst unbekannte Gegenden unternehmen.

Sie warf sich also in derbe Kleidung, schnappte sich eine Büchse aus dem Waffenschrank und fuhr los.

Beim Biobauern hatte sich die Lage nicht verändert. Es war gegen zwei Uhr, als die Jägerin nach langem Warten den Bassen endlich frei hatte und vom Koppelzaun aus fliegen ließ. Nach Knall und Mündungsblitz sahen alle drei die rosa Sauen verblüfft verhoffen, die schwarze aber quer über die große Weide dem Walde zuflüchten.

Der Bäuerin schien damit der schwarze Freier nachdrücklich gemahnt; der Fall war für sie erledigt. Nicht so für unsere Jägerin. Die stand bei Tagesanbruch wieder in der Schweineweide und hatte ihren immer noch skeptischen Mann und den Dackel Moritz mitgebracht. Unter aufmerksamer Anteilnahme der verbliebenen Schweine suchten und fanden sie gemeinsam einen Anschuss, d.h.

etwas hellen Schweiß auf gefrorenen Grashalmen. Das war die Stunde von Moritz. Man setzte ihn beim Schweiß zu Boden und ließ ihn mit allen guten Wünschen frei. Moritz erkannte sofort seine Aufgabe und stürzte sich voll arglosen Mutes mit Fletschen und Kläffen auf die umstehenden Bioschweine. Diese waren zunächst sehr erschrocken und wetzten die Weide auf und ab, bis eines von ihnen begann, die Kräfteverhältnisse realistisch zu beurteilen, und schon ging die Hatz andersherum.

Mit knapper Not und Herrchens Hilfe entging Moritz eben noch einem grausamen Schicksal. Zur Wahrung seines Gesichtes knurrte er auf Frauchens Arm noch fürchterlich, war aber nicht mehr zu bewegen, die Nachsuche wieder aufzunehmen.

Deshalb holte man aus dem Nachbarort den Bläserobmann des Hegerings. Nicht, um die flüchtige Sau im Vorgriff zu verblasen, sondern, weil dieser einen Vorstehhund besitzt, der wie man gehört hatte, „gut auf Schweiß geht."

Der Obmann erschien sogleich und brachte wegen der Wichtigkeit des Falles nebst seinem Vorstehhund auch zwei neugierige Waidgesellen mit. Fairerweise erzählte man dem neuen Nachsuchenbeauftragten von der veränderten Einstellung der weißen Sauen zu Hunden allgemein und von Moritzens persönlichem Erlebnis. So bestand der Bläserobmann darauf, dass die Schweine ins Haus getrieben und eingesperrt würden, bevor sie möglicherweise ihre Haltung zu Menschen auch noch überdenken könnten.

Für den Vollgebrauchshund roch trotzdem noch alles nach Schwein, er legte sich mächtig in die Halsung, galoppierte von seinem Führer nur mühsam gebremst die Weide rauf und runter, konnte aber kein Schwein finden, denn die waren ja alle im Stall. Erst als man ihn außerhalb der Schweineweide in der Fluchtrichtung des Keilers erneut ansetzte, hatte er sich beruhigt und zog nun zielstrebig in den Wald hinein auf eine kleine Dickung zu. Kurz davor wurde er ganz heftig, zerrte am Riemen und wollte geschnallt werden. Der Bläser verstand seinen Hund und ließ ihn frei. Der hatte im Nu gefunden, und laut ging die Hatz durch die Dickung erst auf die gegenüberliegende Seite zu, dann im Bogen wieder zurück. „Die Sau ist noch auf den Läufen", schrie einer, „macht euch fertig!"

Da war der Hund auch schon da und brachte hochflüchtig die Hausricke des Biobauern mit ihrem Kitz. Er muss sich alle Mühe gegeben haben, denn erst nach fast einer Stunde kehrte er völlig ausgepumpt, aber hochzufrieden zurück.

Damit war der kurze Dezembertag vorbei, aber unsere Jägerin immer noch nicht zufrieden. Irgendeiner hatte dann die neue Idee, ob man es nicht einmal mit einem Schweißhund versuchen sollte.

Ja, die Dame war hartnäckig in der Sache mit ihrer ersten Sau. Und so stand am nächsten Morgen mein Freund Peter an besagter Weide vor dieser ganzen Sauerei. Freilich mutete er seinem noch sehr jungen Don die Schweineweide nicht zu, sondern umschlug diese. Don zeigte auch den Auswechsel mit Schweiß und nahm die Wundfährte auf. Es war für beide nicht sehr schwer, die nun über dreißig Stunden alte Fährte zu halten, zumal hin und wieder ein Tropfen Schweiß die Arbeit des Hundes bestätigte. Durch das Altholz ging es, an der kleinen Rehdickung vorbei über einen vielbefahrenen Weg und durch eine Sandgrube. Don arbeitete sicher und zügig, bis er dann eben nach etwa einem Kilometer an die verflixte Stelle kam, wo er zweimal auf das weite offene Feld hinaus und dann gar nicht mehr wollte. Im Feld stand in der Ferne ein Sprung Rehe, sonst war kilometerweit nichts zu sehen.

Keine Sau geht bei hellem Mondlicht weit über offene Felder und Wiesen, eine kranke erst recht nicht. Peter weiß das natürlich und hatte seinen Don beide Male abgenommen. Und nun wollte dieser nicht mehr.

So hatte sie sich also bisher zugetragen, die Nachsuche auf einen Keiler, der in einer Mondnacht das Besondere suchte, aber für sein Anliegen kein Verständnis fand.

Inzwischen war es Sonntagnachmittag, und jetzt ruhten alle Blicke und Hoffnungen auf Cilla, denn die Jungjägerin glaubte immer noch, am Koppelzaun gut abgekommen zu sein. Man konnte ihr das ja auch nicht ausreden, schließlich bewies der Schweiß, dass sie getroffen hatte. Wir mussten das schwarze Schwein halt nur noch finden.

So setzte ich Cilla am letzten Schweiß auf die Fährte und arbeitete die Tour noch einmal, die Don und Peter schon vor mir gegangen waren. Haargenau stimmte Dons Arbeit und bald erreichten wir die Stelle, wo der Rüde zu den Rehen aufs Feld hinaus wollte. Wir staunten nicht schlecht, als Cilla ohne zu zögern ebenfalls an der Pfahlreihe mit dem Stacheldraht entlang über die große Viehweide in die offene Landschaft zog, wo weit und breit außer einer Feldscheune mit ein paar Kiefern drum herum nichts zu sehen war.

Ich ließ die alte Dame gehen, denn in Sachen Nachsuche ist sie besser als ich. Das hat sie mir oft genug bewiesen. Sie hatte auch diesmal recht, denn schon am ersten Quergraben, wo das trockene Gras etwas höher stand, zeigte sie ein wenig abgestreiften Schweiß. Peter fluchte hinter mir leise, aber deftig. Er hatte die gute Arbeit seines jungen Rüden zu unrecht unterbrochen. Und das nur, weil er mehr auf seine Erfahrung als auf die Nase des Hundes vertraut hatte. Der Schweißtropfen sah wässrigbräunlich aus und deutete auf den schon von Peter vermuteten Weidewundschuss. Natürlich wusste Peter jetzt auch, dass wir diesen Keiler mit hoher Wahrscheinlichkeit finden würden und schimpfte mit sich selbst: „Ich Hornochse habe durch meine Skepsis den Don wohl um ein prägendes Erfolgserlebnis gebracht." „Das muss nicht sein", sagte ich, „nichts spricht dagegen, dass Don diese Arbeit zu Ende führt. Lass ihn weitermachen. Wir behalten Cilla in der Hinterhand." Damit war Peter einverstanden. Wir brauchten nur die Hunde zu wechseln, denn er führte ja seinen Don ohnehin im Abstand von dreißig Metern hinter mir her.

Wir erklärten unsere Absicht auch der folgenden Corona, die aus sämtlichen bisherigen Akteuren dieses Abenteuers bestand und natürlich angeführt wurde von der hochpassionierten Jägerin, die den Mondscheinschuss abgegeben hatte.

Der Schweißtropfen gab ihr wieder Hoffnung, vielleicht doch noch an ihre erste Sau zu kommen.

Und als sie erfuhr, dass wir unsere Hunde gemeinsam einsetzen wollten, bot sie als zusätzliche Sicherheit auch noch die Mitarbeit ihres Dackels Moritz an, worauf wir aber, da die Sache im Moment übersichtlich schien, vorerst verzichten konnten.

Don war nicht mehr beleidigt. Sofort fiel er die Fährte an und zog zügig immer an einem Koppelzaun entlang in das offene Feld hinein. Cilla und ich gesellten uns zu den Zuschauern, die vorerst noch aufmerksam folgten. Immer weiter führte uns Don in die baumlose Ebene, wo ihm Frost und ein zunehmend scharfer, trockener Wind mehr und mehr Schwierigkeiten machten. Immer häufiger musste er zurückgreifen und kam deshalb nur langsam voran. Peter ließ ihm jetzt alle Freiheit, und das war gut so, denn es war einwandfrei zu erkennen, dass der junge Hund immer wieder zur Fährte fand und sich mühte, sie zu halten. Wohl zwei Kilometer waren wir inzwischen durch die Weiden und Wiesen gezogen. Kein Tropfen Schweiß bestätigte Dons Arbeit, aber Peter hatte diesmal Vertrauen.

Unseren Mitläufern war inzwischen freilich längst die Hoffnung wieder geschwunden. Die Gespräche wurden kürzer, die Gesichter etwas länger, bis plötzlich ein Hase etwas Abwechslung in das Geschehen brachte. Er sauste direkt vor Dons Nase aus der Sasse und wippte bei keineswegs hastiger Flucht provozierend mit seiner weißen Blume.

Don erschrak sich ordentlich und setzte automatisch zur Hetze an, wurde aber natürlich durch Peter und den Schweißriemen gehalten. Recht bald sah er auch seinen Irrtum ein und tüftelte weiter an der Keilerfährte. Nur langsam ging es vorwärts, aber endlich zeigte sich in einer flachen Senke ein dicht mit Weiden bestandenes Feuchtgebiet. Wir hielten direkt darauf zu. Ich war fast sicher, nur dort konnte die Sau stecken. Die Spannung wuchs beträchtlich. Aber Don zog uninteressiert daran vorbei, wieder über die Weidekoppeln auf eine baumumstandene Feldscheune und ein kleines lichtes Kiefernwäldchen zu. Das schien mir zu licht, als dass eine Sau, die so weit gezogen war, sich darin gesteckt haben könnte. Aber wie sich zeigte, war sie dort hindurch gezogen. Als Bestätigung verwies Don endlich auf einem querliegenden Stamm abgestreiften Schweiß. Die Fährte führte durch das Wäldchen hindurch und an der Schmalseite wieder hinaus auf das offene Feld, einem freien, unbestellten Acker. Dort schien das Ende der Nachsuche gekommen. Die Erde lag bloß, war ausgetrocknet und wurde von dem scharfen, inzwischen eisigen Wind wie Wüstensand vor sich her geblasen.

Don mühte sich sehr, nahm immer wieder Anlauf im Wald, aber es war ihm nicht möglich, auf dem Acker die Fährte zu halten. Vielleicht war dort auch nichts mehr zu finden. Wahrscheinlich hatte der Wind alle Witterung mit dem feinen Staub davongetragen.

Wir legten eine Pause ein und berieten, was zu tun sei. Einige Kilometer lagen hinter uns. Der Fährtenverlauf war ungewöhnlich. Die Sau hatte zwei Möglichkeiten, in den Wundkessel zu gehen, nicht genutzt. Vielleicht war sie gar nicht so krank wie wir anfangs glaubten?

Die Corona war inzwischen geschrumpft, und der Rest murmelte auch schon von Sonntag, Advent, Familie und „wohl doch nicht zu kriegen".

Einer gab zu bedenken, wir seien auch längst nicht mehr im ursprünglich begonnenen Revier, sondern bereits im dritten danach. Etwas erschrocken erkundigte Peter sich nach den hier geltenden Wildfolgevereinbarungen. Aber in der Hinsicht gab es keinerlei Probleme. Und so nebenbei erfuhren wir, dass wir schon seit geraumer Zeit am Rande des Königsmoores im Revier eines der berühmtesten und beliebtesten deutschen Sportlers suchten, nämlich in dem des ehem. Weltmeisters im Schwergewichtsboxen, Max Schmeling. Dieser war zwar inzwischen über Autotelefon informiert und hatte der Nachsuche auch zugestimmt, aber unser Begleiter meinte, man solle vielleicht doch besser davon absehen, noch weitere Revierteile unnötig zu beunruhigen.

Peter und ich aber hatten den braun-wässrigen Schweißtropfen vor Augen. Aufgeben kam für uns nicht in Frage. Wir wollten weitermachen. Nur an diesem Staubacker mussten wir irgendwie vorbei kommen. Er war etwa zweihundert Meter breit. Dahinter kam ein anderer Acker mit Wintergetreide und nach diesem schließlich wieder Wald. Es war anzunehmen, dass der Keiler diesen Wald angenommen hatte. So gingen wir einfach dahin, und Peter ließ Don am Waldrand quer zum vermuteten Fährtenverlauf vorhin suchen. Das Gelände war etwas wellig. An der tiefsten Stelle der Senke zeigte der Hund plötzlich wieder Interesse und arbeitete zügig in den Wald hinein. Dort gerieten wir an ein kleines Flüsschen, das sich in engen Windungen schnell fließend durch eine Bruchwaldsenke schlängelte. Wieder stockte die Arbeit. Don suchte flussauf, flussab, kreuz und quer und griff immer wieder zurück.

Unser bis hierher noch verbliebener einziger Begleiter sprach offen aus, was er meinte: „Ich glaube, jetzt gehen wir nur noch spazieren." Peter und ich konnten uns aber wohl vorstellen, dass die Sau das Wasser und das steile Ufer zunächst gescheut hatte und lange nach einem geeigneten Ein- und Ausstieg gesucht hatte. Das Hin und Her nahm kein Ende, so dass wir kurzerhand das kleine Flüsschen durchwateten und am anderen Ufer wieder quersuchten.

Dort fand Don die Fährte wieder und zog schnurstracks auf eine wasserüberflutete Senke mit verfilztem Weidengestrüpp zu. Kurz vor dem Wasser bog er scharf nach rechts ab, kroch unter die überhängenden Äste eines dichten Weidenbusches und kam nicht wieder hervor. Der Grund dafür war leicht zu erraten: Dort lag in einem alten Kessel die längst verendete Sau. Und was für eine! Ein Berg von einem Schwein, ein uriger Basse mit blitzendem Gewaff, der Traum eines Schwarzwildjägers.

Unser Begleiter wollte es erst gar nicht glauben, aber dann sauste er los, um die versprengte Corona wieder zusammenzutrommeln. Erstaunlich schnell waren die meisten wieder da, plötzlich wieder hellwach und voller Interesse. Der Erlegerin selbst verschlug der Anblick dieses Keilers für einen Moment die Sprache, aber wie gesagt, nur für einen Moment.

Der Basse wurde ans Licht gezogen und von allen Seiten bewundert. Er sah auch gut aus in seiner prächtigen Winterschwarte – nur riechen tat er nicht mehr gut. Und das nicht nur deshalb, weil er rauschig war. Immerhin war er am Freitag beschossen worden und mit diesem tiefen Leberschuss sicher wenige Stunden danach verendet. Jetzt war es Sonntagnachmittag. Eine schwere Sau verhitzt schnell.

Aber wenn jemand vor seiner ersten Sau und dann gleich vor dem Keiler seines Lebens steht, sieht oder riecht er das verständlicherweise etwas anders. Alle Sauen riechen streng, Keiler besonders. Wenn sich bei diesem eine leicht süßliche Komponente zu dem ohnehin faszinierenden Duftkocktail eines rauschigen Keilers mischte, konnte das höchstens einer nüchtern und kritisch prüfenden Nase auffallen, keinesfalls aber Erlegerglück und Jägerfreude trüben.

Beim Aufbrechen wollten alle mithelfen, und als einer versehentlich in der Nähe des Pinsels eine Blase gelblich-flüssigen Inhaltes aufschärfte, roch der schwarze Bursche sowieso nur noch nach Suhle und Rausche.

Wie gesagt, die Freude war groß. Es gab Brüche für Hut und Halsung und plötzlich auch viel zu erzählen. Der ganze Vorgang wurde noch mal aufgerollt: die anstrengende Jagd, der schwierige Schuss, der unerschütterliche Glaube an den Erfolg und natürlich das bisschen Dusel, das jeder braucht, um an ein solches Hauptschwein zu kommen.

In meinem Auto, das inzwischen einer nachgezogen hatte, lag meine Kamera. Selbstverständlich machten wir noch ein Foto, auf dem alle drauf waren: die strahlende Jägerin, die Mitläufer, Don und Moritz, ihre Führer und natürlich der Basse.

Zwischen dem Paradies der Bioschweine und diesem Weidenbusch im Sumpf lagen sicher fünf bis sechs Kilometer. Aber das sollte noch nicht die letzte Reise des Keilers gewesen sein. Nach Aufbrechen und Ablichtung auf Film zogen wir ihn aus dem Morast und durch das Flüsschen ins Freie. Dort wurde er mit vereinter Kraft und auf ausdrücklichen Wunsch der Erlegerin in den veloursbezogenen Kofferraum ihres neuen Autos einer schwäbischen Nobelmarke verstaut. Als sie mit ihrer kostbaren Fracht über den holprigen Feldweg davon fuhr, gab es wohl niemanden, der sich nicht ehrlich mit ihr freute und ihr das seltene Weihnachtsgeschenk nicht von ganzem Herzen gönnte.

Wie es sich gehörte, fuhr sie damit zuerst zum zuständigen Revierpächter, Herrn Schmeling. Dieser habe sich, so erfuhren wir später, von dem Keiler recht beeindruckt gezeigt, sich auch mit der Jägerin gefreut, aber in seiner feinen Art auf das Wildbret großzügig verzichtet.

Das alte Jahr war schon vorbei, als die immer noch glückliche Diana bei mir anrief und mir stolz alle Daten, Maße und Gewichte ihres Keilers mitteilte. Und sie bat natürlich um einen Abzug des von mir gemachten Fotos. Den sagte ich ihr gerne zu, verband damit aber meinerseits eine Bitte: Ich wollte ihr zwei Fotos schicken. Eines sollte sie behalten, das andere wollte ich gerne mit einem Autogramm des Boxidols Max Schmeling zurückhaben. Denn dadurch, dass wir den Keiler im Revier dieses berühmten Mannes zur Strecke gebracht hatten, besaß diese Nachsuche natürlich auch für mich einen besonderen Erinnerungswert.

Meine Bitte wurde erfüllt. Als kostbares Stück befindet sich heute in meinem Album das Foto des Keilers aus dem Königsmoor, versehen mit „Waidmannsheil" und dem Namenszug Max Schmeling. Geschrieben von der Hand, die einst den „Braunen Bomber" Joe Luis fällte und eine ganze Nation in Freudentaumel versetzte.

Anlässlich diese Gespräches erfuhr ich auch die weitere Geschichte des Keilers: Als für dieses Gebiet interessante Rarität wurden seine vielen Kilo und starken Waffen nicht einfach „verwertet", sondern ihrer Bedeutung gemäß als gewachsene Einheit an vielen Stellen vorgezeigt und nach rechter Jägerart gebührend gewürdigt. Jagdvorstand, Verpächter, Nachbarn, nahe und ferne Freunde, alle wollten ihn sehen. Immer wieder wurde er bestaunt, fotografiert, gewogen, vermessen und das Ergebnis gefeiert. Was natürlich seine Zeit dauerte und nicht im Kühlschrank stattfand.

„Konnten Sie denn die Schwarte noch verwerten?", wollte ich wissen. „Wieso Schwarte?", fragte die Dame erstaunt. „Na ja, das Wildbret war doch verdorben." „Oh nein, das war in Ordnung, der Tierarzt hat Proben untersucht." „Worauf hat er es untersucht?" „Na, auf Trichinen. Es war wirklich in Ordnung!"

Ich ahnte Schlimmes: „Haben Sie davon schon etwas probiert?" Die Antwort kam klar und ganz sicher aus guter Absicht:

„Nein, wir haben alles an die Bauern verschenkt, man muss ja auch an die Verlängerung der Jagdpacht denken."

Jägerbegegnungen zwischen Haff und Oder

Auch ein Förster und sein Schweißhund brauchen gelegentlich Urlaub. Cilla und ich glaubten, ihn diesmal besonders verdient zu haben, und suchten die vollkommene Entspannung. Ort und Zeit schienen dazu wie geschaffen. Ganz einsam stand unser Wohnmobil in der kleinen Bucht. Rund um uns nur Dünen, windgebeugte Kiefern, Wasser und Schilf. Nur der Wind war zu hören, der die Wellen sanft aus dem weiten Haff in die verschwiegene Bucht rollte.

Am Abend saßen wir lange auf einem Stein am Wasser und sahen den Fischern zu, die mit ihren kleinen Booten zu den Stellnetzen fuhren, bis sie nur noch als Silhouette vor den in der Ferne blinkenden Lichtern von Usedom zu erkennen waren. Nie zuvor sah ich die Sterne so klar und fast zum Greifen nahe, wie hier über dem stillen Oderhaff. Vielleicht schien es mir auch nur so, weil meine Sinne fernab aller Alltagshektik für solche Empfindungen offen waren. Ich saß einfach da, horchte auf die Wellen, ließ die Seele baumeln und war zufrieden. Cilla schob immer wieder ihren Kopf unter meinen Arm, drückte sich fest an mich und war offensichtlich auch zufrieden, wie sie immer zufrieden ist, wenn sie nur bei mir ist und das tut, was ich auch tue.

Ich gönnte ihr die Ruhe, denn auch sie hatte schöne, aber schwere Wochen hinter sich. Wochen, wie sie sich ein Schweißhund nicht ausgefüllter vorstellen kann. Wochen der frühen Maisjagden und der Rotwildbrunft. Oft läutete das Telefon im Forsthaus. Jäger in gedrückter Stimmung baten um Hilfe, das von ihnen begonnene und misslungene Werk mit dem erfahrenen Schweißhund zu einem guten Ende zu bringen. Mit professioneller Routine spulte sie Nachsuche um Nachsuche ab, gab immer ihr Bestes und davon manchmal mehr als für ihre Gesundheit gut war. Aber wir holten manche Sau aus den Dickungen, und einige Jäger feierten stolz starke Trophäen, die sie ohne diesen roten Hund nie in Händen gehalten hätten. Die Nächte waren kurz und die Tage lang gewesen. Am Tage verlangte der Dienst den ganzen Forstmann, morgens davor und abends danach die Jagd den ganzen Hund und Jäger. Vor uns lag die Zeit neuer Holzeinschläge, vieler Drückjagden und sicher auch mancher Nachsuchen.

So schön das ist, gelegentlich braucht man eine Pause. Und die hatten wir jetzt. Ich war den Kollegen unseres Patenforstamtes dankbar. Sie hatten mir, nachdem wir uns bei gemeinsamer Arbeit kennengelernt hatten, erlaubt, noch zwei Urlaubstage in dieser idyllischen Bucht am Haff zu verbringen.

Noch vor kurzer Zeit hätte ich mir nicht träumen lassen, dies einmal erleben zu können. Afrika und Amerika waren mir näher als dieser stille Winkel Deutschlands zwischen Haff und Oder. Hier wollten wir uns erholen, nur Cilla und ich, faulenzen, Pilze sammeln, die Natur fotografieren, am Ufer schlafen und träumen, Körper und Seele entspannen, nur ausruhen und völlig abschalten von der Arbeit und auch von der Jagd.

„Bringen Sie Ihre Büchse mit", hatten die Kollegen gesagt, weil sie netterweise meinten, mir mit Jagdgelegenheit einen Gefallen tun zu können. Alle vorsichtigen Hinweise auf mein Ruhebedürfnis hatten sie als Bescheidenheit abgetan. Um aber gar nicht erst in Versuchung zu geraten, hatte ich meine Büchse zu Hause gelassen, als Kompromiss aber den kurzen Nachsuchenkarabiner und Cillas Halsung und Riemen mitgebracht. Jagen wollten wir nicht, doch für eine Nachsuche bereit sein. Aber noch lagen Waffe, Riemen und Halsung wohlverstaut unter der Schlafbank im Wohnmobil, wo sie eigentlich auch bleiben sollten.

Es war der erste Tag unseres Urlaubs. Wir hatten richtig ausgeschlafen, bei behaglicher Wärme ausgiebig gefrühstückt und waren in würziger Herbstluft am Strand spazieren gegangen. Ich nahm mir ein Buch, das von Hunden und Hirschen auf dem Darß erzählt, und legte mich genüsslich wieder auf die Schlafbank. Cilla lag lang hingestreckt in der Wärme des Gasofens. Ab und zu drang leiser Hetzlaut unter ihren Lefzen hervor, und ihre Pfoten zuckten im Nacherleben der letzen Wochen. Es war herrlich still, nur der Wind spielte leise mit dem Schilf und den Wellen. Wir wähnten uns ganz allein.

Ich fuhr gedanklich eben mit der Kutsche durch das Tor des Forstamtes Schuenhagen, als Cilla plötzlich aufsprang und durch die offene Tür des Wohnmobils hinausjagte. Durch das Fenster konnte ich eben noch sehen, wie sie einen anderen Hund die Dünen hinauf in den Wald jagte. Mir schien, es sei ein Jagdhund gewesen, ein englischer Setter. Der war nun aber verschwunden, und Cilla kam zurück.

Kaum war sie wieder da, erschien hinter ihr spielerisch tänzelnd auch wieder der fremde Hund. Zum Spielen hatte die alte Dame keine Lust, aber der Gast blieb trotzdem bei uns. Er fand Cillas Futternapf und verlangte auch von den Butterkeksen. Danach wollte er wieder spielen. Er war ein netter Kerl, sorgte aber für erhebliche Unruhe, so dass ich mich entschloss, ihn zurückzubringen, wohin er gehörte. Einen Besitzer musste er ja haben, und den vermutete ich irgendwo hinter den Dünen im Wald. So nahm ich ihn an seinem schönen Halsband, und wir gingen alle drei den Strand entlang zu den Dünen.

Wir brauchten nicht weit zu gehen, da waren wir schon bei unseren Nachbarn. Oben auf der Düne stand versteckt eine Holzhütte, ein für diese Gegend typischer Ferienbungalow. Am Gartentisch davor saßen in gelöster Stimmung acht Personen beim Frühstück, offensichtlich eine Gruppe von Jagdtouristen. Alle trugen jagdsportive Kleidung im aktuellen Outdoor-look. Einer der Männer dazu einen breitkrempigen Hut im original Kolonialstil, an dessen Stirnseite das übergroße Emblem eines großen deutschen Jagdschutzverbandes prangte. JAGDSCHUTZ stand auch im großen Buchstaben auf einem Schild, das an der Innenseite der Frontscheibe einer Allrad-Komfortlimousine angebracht war.

Ich gedachte, mich als Nachbarn auf Zeit vorzustellen und nur den Hund abzuliefern. Zum Vorstellen kam ich aber schon nicht. Mein Ansatz dazu ging in allgemeiner Freude über die Rückkehr des Setters unter, den man offensichtlich schon vermisst hatte. Danach aber galt die ungeteilte Aufmerksamkeit meiner Cilla, die man für ein seltenes Kuriosum hielt.

„Was ist denn das für ein Mischling?", fragte einer der Männer lachend. „Ein Boxer mit Schlappohren", meinte eine Frau, bevor ich etwas sagen konnte. Und schon entspann sich eine lebhafte Diskussion, an der sich alle außer mir fröhlich beteiligten. Es war interessant, dass keiner in Cilla den Schweißhund oder wenigstens einen Jagdhund erkannte. Im Nachhinein muss ich allerdings sagen, dass mein persönlicher Aufzug den Jägern bei ihrem kynologischen Ratespiel nicht gerade behilflich war. In zerschlissenen Jeans stand ich da, mit einem vielleicht auch nicht mehr ganz weißen T-Shirt und war obendrein unrasiert. Gegen Ende der Diskussion wurde Cilla auf Mehrheitsbeschluss zum Boxer erklärt, allerdings mit entfernter, möglicherweise sittenwidriger Beteiligung eines Hush-Puppies, „wegen der besonders langen Ohren".

Die Jäger waren stolz auf ihre Entscheidung und verkündeten sie so selbstsicher, dass ich es nicht fertigbrach-

te, das mühsam gefundene Urteil anzufechten und damit den gebündelten Sachverstand gestandener westdeutscher Jäger in Zweifel zu ziehen. Ich beließ es daher bei dem Schlappohrboxer. Auch Cilla sah großzügig darüber hinweg und interessierte sich im Gegenzug für das späte Frühstück auf dem Gartentisch.

„Unser Hund ist ein Jagdhund", klärte mich eine der Damen auf, womit mir erst bewusst wurde, dass man mich dank meiner Aufmachung und meines komischen Hundes ganz selbstverständlich in die Ecke des jagdlichen Laien bugsiert hatte, aus der ich nun nicht mehr herauskam. So blieb mir nichts anderes übrig, als diese Rolle beizubehalten. „Das habe ich mir schon gedacht, Sie sehen aus wie Jäger", stimmte ich ihr zu.

Wir sprachen über das Wetter, die Wende und über die herrliche Landschaft mit ihrem eigenartigen Reiz. Die Jäger erzählten, sie hätten gemeint, hier im Winkel zwischen Haff und Oder müsse es wohl schön sein. Sie hätten einfach mal irgendwo angerufen und sich nach Jagdgelegenheit erkundigt. Erst sei es schwierig gewesen, aber es gäbe ja Mittel, die Wege zu öffnen. „Und nun sind wir hier und haben schon guten Erfolg gehabt. Meine Frau hat gestern abend einen Keiler geschossen und gleich wollen wir am Bodden zur Entenjagd." „Einen Keiler? Wo ist er denn?" „Der Kalfaktor holt ihn noch. Er hat ihn scheinbar heute Nacht im Maisfeld nicht mehr finden können", sagte die Dame, die offensichtlich auf den Keiler geschossen hatte. „Der Kalfaktor, ist das der Jäger, der vor der Wende hier gejagt hat?", wollte ich gerne wissen. „Ja, einer von denen."

Ich wollte gerade gehen, da knatterte auf dem Sandweg ein Trabbi heran. „Aha, jetzt bringt er ihn endlich", freute sich der Jäger mit dem großen Hut und stand auf. Der Mann im Trabbi war mittelalt. Er trug zerschlissene Lederhosen, eine derbe Joppe und einen verbeulten und zerfransten Filzhut. Offensichtlich kein Sonntagsjäger. Auch die anderen liefen freudig zum Auto: „Na Hans, hast du ihn?"

Hans stieg bedächtig aus und sah die Jagdurlauber mit ernster Miene an. Erst nach einer Weile sagte er: „Wir haben die Sau eben zur Strecke gebracht. Sie ist auf dem Weg in die Kühlkammer. Die Kugel saß hinten, tief weidwund." „Ein Medaillenkeiler?"

Hans senkte den Blick zu Boden: „Eine Bache von etwa achtzig Kilo. Sie muss spät gefrischt haben. Sechs Striche hatten noch Milch."

„Achtzig Kilo! – Donnerwetter! Waidmannsheil!", riefen die Männer und beglückwünschten die Erlegerin zünftig mit Handschlag und Schulterklopfen.

Hans hatte keinen Bruch mitgebracht. Er druckste ein wenig herum und fragte: „Sollten wir nicht – ich meine – deswegen komme ich – ich habe mit den anderen gesprochen. Eigentlich wollten Sie doch gleich zur Entenjagd. Aber die Frischlinge sind noch in dem Maisfeld. Wir sollten mit allen Jägern versuchen, so viel wie möglich von ihnen zu bekommen. Zum selbstständigen Überleben sind sie noch zu klein."

Wie lange wird das dauern?", fragte der Jäger mit dem Jagdschutzemblem und blickte auf die Uhr. Hans hob die Schultern: „Das kann ich nicht sagen, vielleicht den ganzen Tag. Ich weiß nicht einmal, ob wir überhaupt Erfolg haben werden."

„Na wenn es so ist, ist das wohl eine unsichere Sache", sagte die jüngere der Damen und trat ein paar Schritte zurück. „Hans, verstehe das bitte, wir sind nur eine Woche hier, und ihr habt uns die Entenjagd versprochen."

„Ich habe eine Idee", fügte ihr Mann hinzu, „das eine schließt ja das andere nicht aus. Hans, ihr seid doch zu dritt. Zwei von euch können die Frischlinge jagen. Für die Entenjagd brauchen wir doch nur einen Ortskundi-

gen, der uns die Stände zeigt und die Enten hochmacht."

Hans atmete einmal tief durch und meinte, ja, so müsse es denn wohl gehen und wandte sich wieder seinem Trabbi zu. Dabei erst bemerkte er mich, der ich inzwischen sein Gefährt interessiert betrachtet hatte.

Als er auch Cilla sah, stutzte er merklich. Unter seiner speckigen Hutkrempe wanderten seine Augen ungläubig zwischen mir und dem Hund hin und her. Auf dieses Bild konnte er sich offensichtlich keinen Reim machen. Dann ging er plötzlich entschlossen auf Cilla zu, streichelte sie und sagte:

„So einen hätte ich immer gern gehabt, aber die waren für uns unerreichbar." Dann fuhr er schnell davon, um die Entenjagd vorzubereiten.

Wieder im Wohnmobil hatten wir nun endlich die Ruhe, die wir uns wünschten. Über meinem Buch muss ich wohl eingeschlafen sein, denn als ich durch das Zweitaktgeräusch eines Trabbis wach wurde, war es früher Nachmittag. Die Sonne stand warm über dem stillen Wasser des Haffs, es war ein goldener Herbsttag.

Der Trabbi hielt direkt vor meiner Tür. Ihm entstieg mein Kollege, der Förster, der für dieses Revier zuständig war. Ein sympathischer älterer Herr in einer lindgrünen Uniform und neben ihm als selbstverständlicher Begleiter sein Hund. Der Hund hieß Billy, und so sah er auch aus. Er war einer jener Hunde, wie sie jedes Dorf immer wieder hervorbringt. Ein brauner dackelähnlicher Pfiffikus mit lustigen Kippohren und einer schwungvoll gedrehten Ringelrute. Was sein Herr an Ruhe ausstrahlte, hatte Billy an überschießendem Temperament aufzubieten. Er hüpfte wie ein Gummiball durchs hohe Gras, brachte Stöckchen und spielte knurrend mit Kiefernzapfen.

Der Förster kam herein. Wir saßen gemütlich zusammen, tranken Tee und aßen Kuchen. Der Kollege erzählte von seinem Revier, der Sturmkatastrophe und auch von seinen beruflichen Nöten durch die Wende. Er hing an seinem Beruf, fürchtete aber, ihn zu verlieren. Ich fand es nett, dass er sich trotz seiner existentiellen Sorgen die Mühe machte, mich zu besuchen. Wir plauderten lange, bis mein Gast endlich auf den Grund seines Besuches kam. Er wollte mich abholen und – ich ahnte es bereits – mitnehmen zur Jagd. Er wollte mir eine Freude bereiten und mich auf ein Stück Rotkahlwild führen. Vorsichtige Hinweise auf mein eigenes gut besetztes Rotwildrevier und mein Streckenbuch ignorierte er, ebenso die Andeutung meiner Absicht, den Abend wieder auf dem Stein in der Bucht zu verbringen.

Wie sollte ich diesem netten Mann etwas abschlagen. Also saßen wir wenig später im Trabbi und fuhren in sein Revier. Der Kollege, Billy und ich. Cilla musste aus Platzgründen dableiben und das Wohnmobil bewachen.

Auf der Fahrt zum Ansitz zeigte mir der Forstmann die Besonderheiten seines Reviers und die Früchte seiner Arbeit. Besonders stolz war er auf gelungene Aufforstungen, gepflegte Bestände – leider alle geharzt – und auf einen wohlgehüteten Seeadlerhorst in der Gabel einer uralten Kiefer am Schilfgürtel der Oder. Die Adler waren nicht zu sehen, aber ich nahm mir von dort eine schöne Feder zum Andenken mit.

Wir fuhren in einen Revierteil, in dem die hohen Dünen mit den mageren Kiefern unvermittelt in einen üppigen Erlen-Bruchwald abfallen. Dort stellten wir das Auto ab und pirschten auf einem Knüppeldamm tiefer in den Sumpf hinein. Billy blieb heftig protestierend im Trabbi zurück. Das musste so sein, denn „auf dem Ansitz stört er", sagte der Kollege. Wir saßen auf einem stabilen Hochsitz am Rande des Bruches an einem Wechsel. Das tagsüber im Schilfgürtel der Oder steckende Wild sollte

abends auf diesem Wechsel zu den Äsungsflächen ziehen.

Wir saßen lange, ohne Wild zu sehen. Aber ich genoss die eigenartige Stimmung, die von einem Laubwald am Ufer eines großen Stromes ausgeht, und wäre bestimmt nicht enttäuscht gewesen, wenn es für diesen Abend dabei geblieben wäre. Aber in der Dämmerung zeigte sich, dass mein Kollege sein Revier und sein Wild recht gut kannte. Das Licht war schon schwach, als vor uns im hohen Adlerfarn das Haupt eines sichernden Alttieres erschien. Es äugte lange und sorgfältig, bis es endlich über eine schmale Blöße zog, wo der dichte Farn etwas Raum zum Ansprechen gab. Dort sollte ich auch schießen, falls dem Tier ein Kalb folgen würde. Der Schuss auf gut 80 Meter war leicht, das Kalb im Schuss verschwunden.

In Ruhe ließen wir den Abend ausklingen. Über Plaudern und Erzählen wurde es spät, und es war schon recht finster, als wir endlich abbaumten, um das Kalb aufzubrechen. Das jedoch war leichter geplant als getan, denn auf dem Wechsel an der Blöße lag kein Kalb. Wir suchten auf dem Wechsel, neben dem Wechsel, vorwärts und rückwärts – alles vergebens. Plötzlich kam mir der Gedanke, das Stück könne unbemerkt noch abgesprungen sein. Sollte ich vielleicht mit der geliehenen Büchse …? Ich suchte einen Anschuss, doch dafür war es zu dunkel.

„Wer macht hier bei Ihnen die Nachsuchen?", fragte ich den Kollegen und dachte schon an Cilla und den nächsten Morgen. „Das macht Billy!"

Wir suchten weiter, suchten und suchten. Der Adlerfarn stand dicht wie ein Rapsfeld. Am Himmel standen schon die Sterne. Es schien mir unmöglich, heute noch dieses Kalb zu finden, falls es überhaupt hier in der Nähe liegen sollte.

Mein Kollege blieb unverzagt, tastete sich auf und ab durch den Farndschungel, bis er endlich doch entschied: „Wir holen den Hund!", womit er zweifellos Billy meinte. „Heute Abend noch?" „Auf jeden Fall."

Der Weg zum Trabbi war relativ weit. In einer knappen Stunde würden wir – dann allerdings bei stockdunkler Nacht – mit Billy wieder hier sein können. Also schlugen wir den Weg zum Auto ein und waren kaum losgegangen, da stolperte Billys Chef über das gesuchte Kalb.

Mit Blattschuss war es nach etwa vierzig Gängen in eine kleine Senke gefallen. So blieb uns die Nachsuche erspart; aber der Heimweg war trotzdem schwer genug. Wir fassten das Kalb jeder an einen Hinterlauf und stolperten damit ächzend in dem unwegsamen Gelände durch die Dunkelheit. Es ist kaum zu glauben, wie schwer ein Rotkalb sein kann. Wir wechselten oft die Seiten, trotzdem drang uns der Schweiß aus allen Poren.

An einem Knüppeldamm angekommen, entschied der Kollege: „Hier lassen wir es zurück. Ich hole es morgen bei besserem Licht." Mit dem Zurücklassen war ich einverstanden, aber bei der weiteren Bergung wollte ich schon dabei sein. Wir hängten also das Kalb hoch in eine Fichte und gingen erleichtert zurück zum Auto.

Noch am Abend zeigte mir der Kollege sein Forsthaus, in dem er schon lange seit dem plötzlichen Tode seiner Frau allein lebte. Er lud mich ein zu einem Glas Wein, und wir besahen seine Trophäenwand.

Bei alldem blieb aber die Stimmung des Försters etwas gedrückt. Zu sehr beschäftigte ihn die Frage nach seiner beruflichen und privaten Zukunft. So sehr er sich auch mühte, das zu überspielen, die Sorge stand in seinem ehrlichen Gesicht geschrieben, und ich konnte sie ihm leider nicht nehmen.

Als wir uns am nächsten Morgen bei Tagesanbruch trafen, ging bei Helligkeit alles viel leichter. Der Weg schien kurz, und bald hatten wir das Kalb im Kombi-Trabbi verstaut. Auf dem Heimweg besuchten wir gemeinsam die

Waldarbeiter im Holzeinschlag und fuhren zu einer anderen Stelle, wo zwei Jungadler über einer kleinen Bucht der Oder kreisten.

Die Zeit verging schnell, und als ich wieder bei meinem Wohnmobil ankam, war es fast Mittag. Aber nun konnte ich den Rest dieses schönen Tages noch richtig faulenzen und ausruhen, so wie ich es eigentlich zwei ganze Tage hatte tun wollen. Ich bereitete ein leckeres Mahl für Cilla und mich und streckte mich danach wieder wohlig auf die Polster.

Kaum hatte ich ein wenig geschlafen, da knatterte es draußen schon wieder. Ein Blick durchs Fenster schaffte Klarheit: Kein Zweifel, das waren Billy und sein Chef. Beide kamen herein. Billy fröhlich hopsend, wie immer, aber der Kollege hatte sich verändert: Der sonst so ernste Mann strahlte, lachte und schien um Jahre verjüngt.

Er musste es mir gleich erzählen: Soeben war Nachricht aus Berlin-Straußberg gekommen. Die neue Verwaltung hatte ihn als Angestellten übernommen und ihm wunschgemäß sogar ein gutes Revier in der Nähe von Schwerin

übertragen, wo seine neue Lebensgefährtin lebte und als Lehrerin beruflich gebunden war. Nun konnte er weiter Förster sein, und beide würden gemeinsam in einem Forsthaus wohnen.

Das war eine Nachricht! Wer wollte da schlafen? Wir tranken wieder Tee, freuten uns gemeinsam und erzählten uns viel und lange vom Wald, von Hunden und Hirschen, von der Jagd in Vorpommern und in der Lüneburger Heide. Als mein Kollege ging, war es schon spät, und ich begann, Vorbereitungen für die Abreise am nächsten Morgen zu treffen.

Zum Abschalten von Beruf und Jagd war ich nicht gekommen, aber was machte das schon. Hatte ich doch in diesen Tagen gleich zweimal erlebt, wie sehr die Jagd geeignet ist, Menschen zusammenzuführen und Gelegenheit gibt, sich kennenzulernen.

Groß und klein

„Es ist nicht alles Gold, was auf dem hohen Ross sitzt", schimpfte Förster Jozef Szymanniak, trat eine Eisscholle beiseite und wusch angefrorenen Schweiß von der Klinge seines Jagdmessers. Seinen Kollegen Christian störte es nicht, dass Jozef im Zorn zwei deutsche Sprichwörter durcheinander warf. Denn erstens war Jozef erst nach seiner schlesischen Försterprüfung nach Schleswig-Holstein gekommen, wo er schon nach kurzer Zeit besser deutsch sprach als sein Chef polnisch, und zweitens konnte er selbst auch einiges nicht verstehen, was er an diesem abgelaufenen Drückjagdtag in deutscher Sprache gehört hatte.

Das fing schon gleich morgens an, als der Jagdleiter die Gruppeneinteilung verlas: Zur Gruppe fünf gehören die Herren Bauer, Großmann und Reiter. Gruppenführer ist der Revierleiter, Herr Szymanniak."

Jozef Szymanniak meldete sich mit erhobenem Arm, und in seinem lauten „Hier!" schwang ein wenig Stolz mit, denn noch nicht lange leitete er ein eigenes staatliches Forstrevier, und er hatte sich mit der Vorbereitung dieser Jagd, für die er Verantwortung trug, viel Mühe gegeben.

Zwei der Jäger stellten sich zu ihm, der dritte hatte den Aufruf überhört. Verständlicherweise, denn als der Jagdleiter sprach und das Schießen auf führende Alttiere und Bachen verbot, war nämlich der Herr Reiter gerade wegen eines üblen Missgeschicks abgelenkt. Mit seinem hellen Mantel war er versehentlich einem Baum zu nahe gekommen. Algen und Moos des Stammes hatten das Tuch beschmutzt. Das war ärgerlich, sollte aber die Freude auf den bevorstehenden Jagdspaß nicht verderben. Auf Nachfrage wurde dem Säumigen sein Gruppenführer Szymanniak noch einmal vorgestellt. Reiter musterte den jungen Mann und stellte fest: „So, ach der Kleine."

Dem „Kleinen" fuhr diese Art der Begrüßung unter die Haut, ihm schwoll etwas der Hals und er kam ins Grübeln.

„Deine Statur kann das Männchen aus seiner Sicht damit wohl nicht gemeint haben", tröstete ihn ein Kollege, „aber vielleicht ist er reicher als du, vielleicht bekannter, angesehener, tüchtiger, vielleicht hält er sich einfach für einen wertvolleren Schöpfungsbeitrag."

„Er kennt mich doch gar nicht." „Dich nicht, aber sich!"

Ein Obertreiber und Waldarbeiter sah das anders: „Herr Reiter meint sicher nur seine jagdlichen Qualitäten. Sie sind ja noch ziemlich neu hier, er aber nimmt hier schon teil, seit er Chef der großen Firma ist. Und im Februar ist er für 40-jährige Mitgliedschaft im Hegering geehrt worden.

Jozef Szymanniak tat seine Pflicht an diesem Tage. Er brachte die Jäger seiner Gruppe auf ihre Stände und wies sie dort ein. Herrn Reiter brachte er zur „Försterkanzel" an die große freie Heidefläche. Die hieß so, weil dort einmal ein alter Förster seinen lange gehegten Pensionshirsch ziehen ließ, nur weil ihm der Schuss auf das Tier zu riskant erschien. Er sah den Abnormen erst auf der Trophäenschau wieder. Ein Jungjäger aus der Großstadt hatte ihn jenseits der Grenze bei Mondschein an der Saukirrung totgeschossen.

Jozef selbst setzte sich nach dem Anblasen etwas abseits auf einem Hügel in die Heide und beobachtete den Ablauf der Jagd. Den ersten Schuss hörte er aus dem Birkengrund. Dort wusste er das Rudel mit dem eisgrauen, jagdstrategisch äußerst gewitzten Leittier. Es hatte sein eigenes starkes Kalb, zwei jüngere Alttiere, deren Kälber und einen Spießer bei sich. Wie oft hatte der Forstmann schon versucht, den Nachwuchs aus diesem Verband abzuschöpfen. Aber wie er es auch anstellte, die hagere Alte war ihm immer voraus. Sie schien alle Hochsitze zu kennen und führte ihr Rudel stets im letzten Licht und nur gegen den Wind zur Äsung.

Jozef wusste, sie würde auch jetzt nicht unbedacht in die Gefahr stürmen, sondern klug und besonnen handeln. Wahrscheinlich würde sie im Schutz des Walles zur lauten Straße ziehen, um dort in einem kleinen Fichtenhorst ruhig abwartend die Gefahr vorbeiziehen zu lassen.

Dann aber klang Hundelaut aus dem Birkengrund. Das war Karl Körners Wachtel „Ulko", der ließ sich nicht täuschen. Die laute Jagd ging auf den langen Damm zu, der war mit Schützen dicht besetzt, aber es fiel kein Schuss. Das Wild war wohl zu schnell gewesen für genaues Ansprechen und sicheres Schießen. Das Hundegeläut kam näher. Szymanniak entsicherte den 98er und hoffte, diesmal auf ein Kalb zu Schuss zu kommen. Schon sah er das helle Leittier im lichten Altholz. Weit vor dem Hund verhoffte es, reckte auf langem Träger das hagere Haupt hoch in den Wind und ließ die eselslangen Lauscher spielen.

Nur sechzig Schritt waren es. Ein Kalb war längst eingerahmt vom Rund des Zielfernrohres. Aber es hatte sich eng an sein Alttier geschoben, und beide standen mitten im Rudel, das sich dicht zusammendrängte und auf die Entscheidung des Leittieres wartete.

Es konnte nicht ausbleiben: der graue Windfang verstand die Botschaft, die der Wind ihm zutrug. Bevor das Kalb frei stand, warf sich das ganze Rudel herum und stürmte nun eng geschlossen hinaus aus dem gefahrbringenden Wald auf die offene Heide in Richtung „Försterkanzel". Dort fiel sofort ein Schuss, bald ein zweiter, wieder einer und gleich der vierte. Einer der Stöberhundführer wunderte sich: „Der dort sitzt, kann schnell schießen, hoffentlich ist er im Ansprechen und Treffen auch so fix."

Noch einmal hallten einzelne Schüsse aus der Ferne und es dämmerte bereits, als Hörnerklang das Treiben beendete. Jozef beeilte sich, seine drei Jäger wieder abzuholen. Einer hatte einen Frischling an den Weg gezogen. Der war schnell aufgeladen, und man fuhr zur „Försterkanzel". Auch dort war die Lage klar. Jäger Reiter berichtete von einem Kalb, das zu bergen sei. Das müsse „dahinten" liegen. Sonst habe er nichts getroffen. Der Förster war zufrieden und meldete über Funk den Schweißhundführern für seine Gruppe Fehlanzeige.

Die Bergung des Kalbes gestaltete sich allerdings schwierig, denn „dahinten" war nichts zu finden. Reiter meinte, es könne auch woanders gewesen sein, alles sei so schnell gegangen und er habe immerhin vier- oder fünfmal geschossen. Man schwärmte suchend aus. Schließlich wollte einer eine Taschenlampe holen. Auf dem Weg zu seinem Auto sah er ein Alttier liegen und rief seinen Kollegen zur Bergung um Hilfe. Als dieser sich aus entgegengesetzter Richtung näherte, trat er beinahe auf ein weiteres Alttier, das vor ihm aufstand und scheinbar wie gesund flüchtete. Das Wundbett war leicht zu finden. Im Schnee zeichnete sich der Wildkörper deutlich ab. Im Abdruck eines Hinterlaufes glänzten die Schneekristalle rot.

Jetzt ging doch noch ein Funkruf an die Schweißhundführer, die schon am Feuer standen. „Sofort einer an die Försterkanzel, hier ist doch noch ein Alttier mit Laufschuss nachzusuchen!"

Trotz des Zeitdrucks durch die nahende Dunkelheit wollte der Schweißhundführer die Situation vor Ort erst geklärt haben. Ein Jagdhelfer winkte ab: „Wir haben auch schon gefragt. Sicher ist, dass es mehrmals geknallt hat. Vermutlich war es Rotwild."

Die rote Hündin hatte gleich begriffen. Sie sprang ihren Führer an, biss in den Schweißriemen, womit sie wie üblich

verlangte, geschnallt zu werden. Aber der Rüdemann ließ sie noch nicht los. Am Riemen führte sie heftig ziehend in eine Dickung. Ihr Führer achtete nicht auf Schweiß oder andere Pirschzeichen, hielt seine Arme schützend vor die Augen und folgte blind dem Hund. Das Stück hatte die Dickung auf der anderen Seite wieder verlassen und eine große Wiese überquert, um dort wieder einen dichten Bestand anzunehmen.

Erst als die Hündin am Waldrand erneut und noch energischer freie Arbeit forderte, zog ihr Partner ihr die breite Halsung über den Kopf. Aber das Rottier hatte einen großen Vorsprung, den selbst die schnelle „Juno" so leicht nicht aufholen konnte. Ihr heller Fährtenlaut klang immer leiser und verlor sich allmählich in der kalten Dämmerung. Der Schweißhundführer fluchte leise vor sich hin, denn er hatte in der Eile und dem Durcheinander vergessen, seinem Hund den Telemetriesender umzulegen. Wie sollte er nun seine „Juno" finden, wenn sie weit entfernt und außer Hörweite das kranke Stück stellen oder niederziehen würde?

Nur langsam verging die Zeit. Die Männer spürten Kälte und bangten vor der schnell herankriechenden Dunkelheit. „Still mal!", rief ein Helfer, „die Jagd kommt zurück." Tatsächlich, der Hundelaut war wieder zu vernehmen und näherte sich den Jägern. Doch da brach er abrupt ab, statt dessen hörte man das Stück klagen. Aber nicht lange, gleich brach „Junos" Laut wieder durch. Das kranke Tier hatte seinen Verfolger noch einmal abschütteln können. Immer näher kam der giftige Hetzlaut. Der Schweißhundführer riss seine Büchse hoch. Gleich mussten Hund und Stück über die breite Schneise kommen. Aber es war zwecklos. Sein Auge brachte wegen der Dunkelheit Kimme und Korn nicht mehr zusammen.

Im gleichen Augenblick war das Tier schon heran und es schien, als sei Diana mit den Jägern im Bunde, denn auf dem Eis der großen Wegepfütze rutschte das Wild und wurde langsam. „Juno" fasste diesmal glücklicher. Beide brachen durch das Eis, aber die Hündin hielt fest bis zum schnellen Abfangen.

Freudig lobte der Hundemann seine schlammtriefende und ausgepumpt hechelnde Gefährtin. Anschließend half er dem Revierleiter, das Stück aufs Trockene zu ziehen. Dieses nun zufällig gefundene Stück war glücklich zur Strecke. Aber die Jäger beschlossen, weiter zu suchen, denn es konnten ja noch mehr Tiere angeschweißt oder verendet irgendwo im hohen Gras liegen.

Als der „Erleger" auch herankam und von „seinem" zweiten Stück sprach, da regte sich im Inneren des „Kleinen" wieder der Wurm, der sich seit dem Morgen schon nagend durch sein Selbstbewusstsein bohrte. Jozef Szymanniak behielt aber seine gewohnte Ruhe und sagte nichts. Der Wurm allerdings wuchs zum Drachen, als Jozef gehen wollte, um das Auto zu holen und den Erleger bat, sein Stück inzwischen aufzubrechen. Dieser zog eilfertig die Arme aus seinem hellen Mantel, zeigte zwei saubere leere Hände vor und verkündete mit einem breiten Lächeln: „Ich habe kein Messer."

Jozef wusste Rat, reichte ihm seinen Knicker und ging. Als er mit dem Auto zurückkam, steckte das Messer neben dem Rottier mit der Klinge in der Erde. Das Wild lag noch wie vorhin, nur seine Bauchdecke und das darunterliegende Gescheide waren mit dem Messer mehrfach durchstochert.

„Ich habe es aufgebrochen", sagte der Hegeringsjubilar, „nur das Schloss ist noch zu öffnen."

Damit hielt er dem Förster mit spitzen Fingern dessen eigenes Messer hin. Dem verschlug es im Moment sowohl die deutsche als auch die polnische Sprache. Dafür tobte der Drache in der Sozialabteilung seiner Seele und verbot ihm, den Knicker zu nehmen. Jagdgast Reiter bot das Messer peinlich lange rundum an, bis es endlich einer nahm

und das Alttier so schnell aufbrach, wie es die zuvor in den Dreck gesteckte Klinge noch erlaubte.

Jozef grübelte über die Zusammenhänge, als der zuschauende Erleger mit sauberer Hand nach unten zeigte und sagte: „Ihr Messer ist aber stumpf, meines ist viel schärfer."

Nun denn, das Tier war bald versorgt und auch die anderen Stücke verladen. Mehr oder weniger zufrieden konnte man für heute zum Feuer, zu Glühwein und gutem Essen fahren.

Wie es schien, war der „Kleine" über die Jägersprache und andere deutsche Gepflogenheiten aber doch noch etwas verunsichert. Ganz leise und im Vertrauen fragte er:

„Sag mal, wie ist das mit dem deutschen Waidwerk: gleich gibt es doch mit „Waidmannsheil" diesen Erlegerbruch.

Wer wird denn jetzt damit geehrt, dein Hund, der das Stück zur Strecke brachte, der Mann, der es aufbrechen konnte, oder der, der ihm ein Bein abschoss?"

Bunte Blumen

Dreieinhalb Jahre war es her, seit Hinnerk Petersen keine Büchse und keine Flinte mehr angefasst hatte. Und auch an diesem warmen Oktobertag tat er es nur, um seinem Enkel das Luftgewehr an der Schießbude zu laden und ihm zu zeigen, wie man sicher damit umgeht.

Der neunjährige Jens war mit seinen Eltern eigens zum Herbstmarkt ins Dorf gekommen. Da blieb dem Großvater nichts anderes übrig, als mit dem Jungen auf den kleinen Rummelplatz zu gehen. Und den zog es dort gleich zur Schießbude, denn in seinen Adern hatte er das Jägerblut seines Großvaters und Urgroßvaters. Der Knirps konnte es kaum erwarten, unter Anleitung seines als Jäger erfahrenen Großvaters auf eine Papierblume, ein Fähnchen oder gar auf die laufenden Metallfiguren schießen zu dürfen.

Aber ein merkwürdiger Zufall wollte es, dass beide dort warten mussten. Und es schien dem Alten eine Ironie des Schicksals, dass die Ursache für seine verbitterte Zurückhaltung in jagdlichen Dingen auch hier der Grund für sein Warten sein musste.

Vor der Schießbude machte sich eine Gruppe fröhlich lärmender junger Männer breit, die eben mit ihren schweren Geländewagen vorgefahren waren. Die Kleidung und Aufmachung ihres weiblichen Anhangs wollte nicht recht in die Umgebung der hier feiernden Dorfgemeinschaft passen, was aus der Gruppe aber niemand zu bemerken schien. Mit lautem Lachen und Juchen probierten alle ihre Schießkünste. Zur Freude des Budenbesitzers, der eifrig bemüht war, die Luftbüchsen neu zu laden und immer wieder neue Blumen und Stofftiere aufzustellen. Insgesamt hatte man den Eindruck, einem lustigen Offroad-Abenteuer unbeschwerter Söhne und Töchter zuzuschauen.

Und eben jene übermütigen junge Leute waren es, die seit drei Jahren auch in der Gemeindejagd das Sagen hatten. Der Vater eines dieser jungen Männer war es damals gewesen, der plötzlich als Fremder auftauchte und bei der Neuverpachtung eine Summe bot, die die Jagdgenossen schwach und die heimischen Jäger revierlos machte. Er selbst war in der Folgezeit kaum erschienen. Man sagte, er jage lieber in seinem Hochwildrevier.

Aber mit den jungen Leuten war Leben in die Gemeindejagd und ins Dorf gekommen. Fast an jedem Wochenende – während der Jagdzeit und bei schönem Wetter – fuhren vornehme Autos die Feldwege entlang. Unbekannte Jäger mit auffällig fremdartigen Hunden schwärmten aus, saßen an und feierten am Feldrain lustige Jagd-Partys. Zur ersten großen Herbstjagd hingen fast sechzig Flinten – meist teure Stücke der Büchsenmacherkunst – an der Garderobe im Dorfkrug, wo man die Erlegung der sechs Hasen und beiden Gockel mit modernem Gehabe feierte. Die Strecke war aber besser geworden, als man zur intensiven Niederwildhege jährlich Anfang Oktober viele Fasanenhähne „zur Aufartung" aussetzte.

Früher war vieles anders gewesen. Mit dem Hof hatte Hinnerk Petersen auch das Revier vor der Haustür von seinem Vater übernommen, mit einigen Freunden aus dem Dorf als heimatliche Scholle liebevoll gepflegt und viel Freude daran gehabt, obwohl es niemals große Strecken gegeben hatte.

Ein paar starke Waldhasen, gelegentlich einen bunten Gockel, im Winter hin und wieder einige prächtige Stockerpel am offenen Kanal, Ringeltauben auf den herbstlichen

65

Stoppeln, jährlich einen Marder aus Karstens Feldscheune und für jeden der drei Freunde einen roten Bock mit im Herbst zugehörigem weiblichen Stück.

Niemals versammelten sich hier große Jägerscharen zu lauten Freizeitspektakeln. Das kleine Revier am Elbufer war immer ein Ort des stillen besinnlichen Waidwerks, in dem die jagdlichen Trauben hoch hingen, selten und deshalb kostbar waren.

Hinnerk Petersen war so mit seinem Revier verbunden, dass er, wenn nicht dort, dann überhaupt nicht mehr jagen wollte. Den Einladungen seiner Nachbarn von der Feldseite und aus dem Staatsforst war er bisher nicht gefolgt. Er dachte dankbar an alles, was er gehabt hatte, und unternahm mit Cato, seinem schon betagten Kurzhaarrüden, lange Spaziergänge. Aber immer so, dass er den Jagdbetrieb nicht stören konnte.

Die jungen Leute vor der Schießbude hatten inzwischen eine Wette abgeschlossen. Mit dem halbautomatischen Luftgewehr fuhr jeder, nur grob zielend, die lange Reihe der Tonröhrchen entlang und schoss dabei im Schnellfeuer das Magazin leer. Es machte dann Spaß, das Getroffene zusammenzuzählen. Die nur angeschossenen Blumen zählten nicht mit. Der Jüngste, der vorhin beim Autocross schon verloren hatte, war auch hier der Unglücklichere und musste die ganze Schießzeche bezahlen. Er tat es gern. Man verzichtete großzügig auf die erlegte Stoff- und Papierbeute und wandte sich zum Gehen.

Erst dabei entdeckte und erkannte einer den Mann, dem sie damals vor dreieinhalb Jahren die Hochsitze abgekauft hatten. Man sprach über die Jagd von gestern. Es sei nicht viel los gewesen. Nur ein einziger Gockel sei an der Dornenhecke vorgekommen, auch in die Rüben gefallen, hätte sich dann aber zu Fuß aus dem Staub gemacht. Das Rehwild stünde scheinbar restlos beim Nachbarn und für die Hasen sei das Frühjahr wohl wieder zu nass gewesen.

Auch Enkel Jens wollte das Schnellfeuergewehr, aber der Alte verbot es ihm:

„Suche dir in Ruhe eine Blume aus, nur eine, ziele sorgfältig, treffe gut und nimm sie mit nach Hause und hebe sie gut auf. Dann wird sie dich in einem Jahr noch an den guten Schuss auf dem Herbstmarkt und deinen Besuch bei uns erinnern."

Für Jens reichte die Zeit noch, seinen Großvater auf seinem Abendspaziergang zu begleiten. Auch Cato war dabei und ging ruhig an der Leine. Es war kein Zufall, dass der Alte diesmal den Weg zur Feldkante einschlug, wo die lange dichte Weißdornhecke bis zur ehemaligen Viehtränke ins Feld hinein läuft. Und eben jenen schilfbewachsenen Tümpel steuerte er an. Wusste er doch, dass geflügelte Fasanen niemals im Feld blieben, sondern immer die Hecke entlang bis zum Tümpel liefen und sich dort im Schilf versteckten.

Auch Cato schien das noch zu wissen. Kaum geschnallt umschlug er die Uferzone unter Wind und stand schon vor. Petersen wusste, dass es nicht recht war, was er tat, aber trotzdem rief er: „Cato, apport!" Der Hahn war schon verendet. Cato brachte ihn vorsichtig. Als Hinnerk Petersen mit seinen derben Händen behutsam das rotgoldene Brustgefieder des Vogels ordnete, meinte der Junge bewundernd: „Fasanen sind schön bunt."

Der Alte nickte und sagte nachdenklich: „Ja, wie Papierblumen."

Himmelszeichen zwischen Mönch und Nonne

Jedes Jahr, so um den ersten September überkommt mich eine innere Unruhe, die schwer zu beschreiben ist. Dann sucht mein Auge das erste Gelb im Laub der Birken; ich bilde mir ein, die frische Luft riecht schon nach Herbst; und ich horche in den Morgennebel nach dem ersten Schrei der Rothirsche. Mich hält dann nichts mehr zu Hause, ich fahre zu meinem Freund Hubert, um dort die Hirschbrunft zu erleben.

Hubert wohnt in dem kleinen Örtchen Polau, das kaum jemand kennt, denn Polau liegt weit abseits im Walde, im stillen Polautal zwischen Weihern und Teichen an der Quelle eines munteren Bächleins. Nur sieben Häuser gibt es dort, keine festen Straßen, keine Beleuchtung und keine Diskothek, dafür Forellen im Bach und Saufährten im Gemüsebeet.

Hubert wohnt im Jagdhaus und ist Bürgermeister von Polau. Er liebt und lebt die friedliche Ruhe, die von diesem Ort ausgeht. Seine Lebensart hat keineswegs sonderliche, aber doch schon leicht einsiedlerische Züge angenommen. Dennoch ist sein Haus sehr gastfreundlich. Hubert bittet Freunde gern herein und verwöhnt sie nach Landessitte üppig mit festen und flüssigen Spezialitäten von den sonnigen Hängen der Pfalz.

Zur Hirschbrunft schickt ihm sein Amt aber fremde Gäste. Trophäenjäger, die er in seinem Revier bis auf Schussweite an das Objekt ihrer bezahlbaren Wünsche heranzuführen hat. Hubert tut das gern und neidlos. Manchmal helfe ich ihm dabei, indem ich an heimlichen Plätzen die Hirsche ausspähe und bestätige. Weiterhin ist Juno, meine Schweißhündin, ein mindestens ebenso willkommener Gast, denn auf sie ist Verlass, wenn im Schuss mal was daneben geht.

Der Spätsommer war warm und golden, als Juno und ich in Polau ankamen. Der erste Jagdgast dieses Jahres wurde schon einen Tag später erwartet und genoss besondere Aufmerksamkeit, denn er hatte einen Ia-Hirsch frei. „Wie heißt er denn?", fragte ich Hubert, der gemütlich bei einem Gläschen Wein vor der Haustür saß. „Hab ich vergessen. Du weißt ja, ich kann mir keine Namen merken. Aber etwas anderes ist interessant: Er sagte am Telefon, er sei selbst Pächter einer Hochwildjagd und wolle seinen Hund und seinen Jäger mitbringen. Letzterer könne durch Schreien jeden Hirsch heranlocken."

„Donnerwetter", staunte Roland, ebenfalls jagender Freund und Gast bei Hubert, „das ist wirklich interessant, den sollten wir zum Rufen an den Grenzweg stellen. Mit dem Gesicht zu Holgers Revier. Das könnte unsere Auswahl an Hirschen deutlich bereichern."

Schon gegen Mittag des nächsten Tages meldete sich der Jagdgast, den ich hier einmal Herrn Sonntag nennen will. Nur telefonisch, denn abseits der Polauer Gemütlichkeit hatte er bereits in einem adäquaten Hotel Quartier bezogen und bat darum, seinen nachreisenden Jäger um eine bestimmte Uhrzeit vom Bahnhof abzuholen. Das taten wir gerne, denn wir waren alle gespannt auf diesen Mann und voller Erwartung auf seine angekündigte Sprachgewandtheit in der Kommunikation mit Brunfthirschen. Wann hat man schon einmal Gelegenheit von einem solchen Experten zu

lernen! Dem Zug entstieg ein rundlicher Mann in reiferen Jahren. In adretter Reisekleidung und mit einer Aktentasche unter dem Arm. Freundlich bestätigte er, nicht der Buchhalter, sondern der Jäger des Herrn Sonntag zu sein.

Gern wollten wir ihn gleich in die jagdlichen Planungen für den Abend und den nächsten Tag einbeziehen. Er aber winkte ab und meinte, er müsse sich erst mal um seinen Chef kümmern. Hirsche rufen? Oh nein, das könne er nicht. Im Übrigen möge man ihn mit der Jagd möglichst in Ruhe lassen. So blieben dem Hubert zur Führung des Jagdgastes nur seine – allerdings langjährig bewährten – Polauer Strategien.

„An der Hermannskanzel brunftete heute morgen ein Zwölfer, den ich seit drei Jahren kenne", sagte Hubert, „er müsste jetzt alt genug sein."

„Dann nutze die Chance für den Gast", riet Roland. Er weiß, wie unwägbar die Jagd um Polau ist.

„Werde ich auch, gleich heute", versicherte Hubert und begann Vorbereitungen für den Abend zu treffen.

Das Auto mit dem Fahrer und seinem Jagdherren erschien pünktlich, das Wetter war prächtig, der Wind wehte stetig aus Südwest. Alles stimmte an diesem Abend. Eigentlich sollte es heute gleich klappen mit Herrn Sonntag und seinem Hirsch der Klasse Ia. Die Sonne stand noch hoch über dem Jagdhaus, als wir aufbrachen, um uns im Revier zu verteilen. Herr Sonntag hatte das Futteral mit seiner Waffe auf den Rücksitz gelegt und saß neben Hubert in dessen Auto. Der Weg zur Hermannskanzel führt durch Eichenwälder und Buchenverjüngungen. Als solle es ein gutes Omen sein, bekamen wir gleich dort Rotwild in Anblick. Auf einer Schneise stand ein starkes Alttier, scheinbar ganz alleine und äugte dem vorbeifahrenden Wagen nach.

Herr Sonntag hatte es auch gesehen und rief: „Halt, ein Mönch!"

Hubert hieb verdutzt auf die Bremse und fragte: „Ein was?"

Der Gast deutete mit dem Daumen nach hinten: „Gibt's hier Mönche?"

„Ganz selten", meinte Hubert.

„Da war einer!"

Hubert fuhr langsam rückwärts, bis er die Schneise wieder einsehen konnte. Dort stand immer noch das Alttier, immer noch hornlos, nun aber so beunruhigt, dass es absprang.

An der Köhlerbahn musste das Auto stehen bleiben. Von dort sind es nur dreihundert Meter bis zur Hermannskanzel. Hubert bat den Gast, jetzt nicht mehr laut zu sprechen und ging leise voran.

Fast hatten sie die Leiter erreicht, da erschrak Hubert. Böö! Bööö! Bö, Bö!, tönte es durchdringend laut in den stillen Abend. Mit wippendem Spiegel sprang die Alte ab. Hubert hatte sie nicht rechtzeitig gesehen, und nun hatte sie Wind bekommen.

Herr Sonntag blickte erstaunt auf Hubert. Der zuckte mit den Schultern: „Ein Reh, ich habe es übersehen, es wird sich wohl bald beruhigen."

„Ist dies denn schon die Zeit, in der die Rehe bellen?", fragte Herr Sonntag.

„Es ist eine alte Ricke, sie meint uns. Wir müssen jetzt leise sein."

Ohne weiter gestört zu werden, erreichten sie die Kanzel. Im Interesse des Jagderfolges verbot Hubert dem Gast erneut den Mund, das Rauchen und hastige Bewegungen. Das fruchtete weitgehend, jedenfalls genug, um vor der Hermannskanzel Rotwild zu Gesicht zu bekommen. Zwei Alttiere, ein Schmaltier und zwei Kälber traten noch bei gutem Licht aus. Ihnen folgte ein geringer Hirsch vom 2. Kopf, den die Brunft noch nicht berührte und der deshalb gleich zu äsen begann.

Sonntag zeigte mit dem Lauf nach vorne: „Ein Ia-Hirsch!" Hubert meinte, der sei vermutlich noch nicht alt genug und riet vom Schuss ab, was der Gast bedauerte.

Nach jedem Ansitz trifft man sich in Polau, erzählt das Erlebte und macht Pläne für den nächsten Morgen. Herr Sonntag hatte dazu keine Zeit. Er ließ sich in sein Hotel fahren, versprach aber, am nächsten Morgen um halb sechs wieder zur Stelle zu sein.

Es wurde kalt in dieser Nacht, wir schabten Eis von der Frontscheibe, doch die funkelnden Sterne versprachen wieder Sonne, Wärme und einen klaren Tag. Wie gestern fuhren die beiden Jäger wieder zur Köhlerbahn und stellten dort den Wagen ab.

Hubert horchte angespannt in die Dunkelheit und hörte erfreut aus Richtung der Hermannskanzel das heisere Knören eines Hirsches. Das musste der Zwölfer sein, den er zuvor bestätigt hatte. Herr Sonntag wollte gleich losgehen, aber Hubert hielt ihn zurück: „Noch ist es viel zu dunkel, wir müssen damit rechnen, dass die alte Ricke uns wieder auflaufen lässt und uns den Morgen verdirbt."

Für die Wartezeit setzte Herr Sonntag sich mit seinem Gewehr wieder ins warme Auto. Hubert lehnte daneben an einem Baum und genoss die akustischen Darbietungen dieses frischen und frühen Septembermorgens. Der tiefe Bass des Platzhirsches klang drohend-böse, aber auch müde nach einer langen Nacht. Und da war noch eine andere Stimme, ebenfalls voll und kräftig, aber deutlich heller, aggressiver und fordernder. Sie bewegte sich um den Brunftplatz herum. Offensichtlich ein Beihirsch, der ungeduldig darauf hoffte, dass der Alte sein Rudel endlich verlassen und in seinen Tageseinstand ziehen solle. Hubert wusste aber, dass Beihirsche an diesen Tagen der Hochbrunft zur Vermeidung deftiger Prügel sehr viel Geduld haben müssen.

Eine halbe Stunde später war es endlich so hell, dass man mit einem guten Glas die zu durchpirschende Strecke hätte einsehen können. Aber es zeigte sich, dass der Herbst eine andere Tarnkappe über die Szene gestülpt hatte. Dichter Bodennebel lag in der Senke und gab die Sicht nur gut zwei Baumlängen frei. Bei Nebel sind Freund und Feind gleichermaßen behütet oder behindert. So beschloss Hubert, im Schutz des Nebels vorsichtig zur Leiter zu pirschen, um dort auf bessere Sicht zu warten. Er bat Herrn Sonntag, das Rauchen einzustellen und mitzukommen.

Der Wind stand gut, die Ricke blieb still, das Vorhaben schien zu gelingen. Hubert ging voran und setzte vorsichtig Fuß vor Fuß in das Fahrgleis der Schneise. Da stockte er plötzlich und erstarrte. Herr Sonntag tat es ihm im Reflex gleich, und das war gut so, denn wie von Geisterhand aus dem Nebel gezaubert, erschien im engen Sichtbereich der Jäger ein Hirsch. Er hielt direkt auf die beiden zu, bis er etwa 30 Meter vor ihnen verhoffte und nach rückwärts in Richtung Brunftplatz äugte. Hubert konnte jedes Haar in der feucht glänzenden Decke des Hirsches sehen und merkte, wie ihm in der Manteltasche die Hände feucht wurden. Ein dreijähriges Kerlchen war es zwar nur, und ungerades Achterchen. Aber diese plötzliche Nähe und explosive Spannung nahmen selbst ihm, dem ausgekochten Hochwildjäger, fast den Atem.

„Ein Ia-Hirsch!", flüsterte Sonntag erregt und viel zu laut. Aber der durch Hormone sinnenbetäubte Jüngling bemerkte es nicht. Er imponierte – freilich aus sicherer Entfernung – Richtung Rudel wie ein richtiger Brunfthirsch.

Von dort klang wieder die heisere Stimme des Platzhirsches, souverän, gelassen, aber auch mahnend und drohend. Den Halbstarken brachte das in stürmische Wut. Wie gern hätte er den Alten angegriffen und forkelnd vom Platz gefegt. Das tat er dann auch, nur nahm er sich klugerweise statt des übermächtigen Rivalen ersatzweise einen kleinen

beerkrautbewachsenen Erdhügel vor. Mit rollenden Lichtern rammte er sein schmächtiges Geweih in den Boden und schlug sein Haupt, dass Kraut und Humus nur so flogen.

„Jetzt macht er seine Himmelszeichen in die Erde", erklärte Jäger Sonntag, was der Hirsch in seiner Rage ebenfalls überhörte. Der hatte sich inzwischen durch das Bodenforkeln so viel Mut gemacht, dass er wendete und mit straffen Muskeln tatsächlich dem Platzhirsch etwas näher zog, bis der Nebel ihn aufnahm. Zurück blieben nur der stille Wald, grauer Nebel, klopfende Herzen und eine Wolke, die streng nach Brunfthirsch roch.

Hubert atmete tief durch und wartete noch eine ganze Weile, bis er endlich seinen Gast zum Weiterpirschen aufforderte. Ohne Probleme erreichten sie den Hochsitz und nahmen darauf Platz. Sie unterhielten sich leise über die Jagd, den Naturschutz, Herrn Sonntags eigenes Hochwildpachtrevier und über Wildbiologie.

Inzwischen war es taghell geworden, aber der Nebel lag immer noch dicht über dem Brunftplatz und über allem, was dort geschah. Nur das müde Knören und gelegentliche Sprengrufe des Zwölfers verkündeten, dass dort im Tal – nur 150 Meter entfernt – ein Rudel ungestört brunftete. Hubert genoss den Zauber dieses Morgens, sah aber dann doch auf seine Uhr. Wie lange würde das Rudel noch auf der Blöße bleiben? Und wann würde der Hirsch das Kahlwild zur Tagesruhe verlassen? Viel Zeit gab es nicht mehr.

„Wir gehen ihn an", entschied Hubert und bat Herrn Sonntag, außer seiner Waffe und dem Fernglas nichts mitzunehmen und ihm möglichst lautlos zu folgen.

Entlang der Buchenallee kamen sie gut voran. Immer näher klang der Ruf des Hirsches. Er musste schon unmittelbar vor den Jägern sein, aber immer noch war wegen des dichten Nebels nichts zu sehen. Es mochten noch sechzig Meter zwischen Hirsch und Jägern sein, als Hubert schemenhaft einen Wildkörper zu erahnen glaubte. Ja, er bewegte sich, kam sogar näher und erwies sich als Kalb, das abseits des Rudels äste. Hubert musste warten.

Nach scheinbar unendlichen Minuten gespannter Erwartung half das Wetter den beiden weiter. Ein frischer Wind kam auf und brachte den Nebel in Bewegung. Zwischen den wallenden Schwaden zeigte sich mehr Kahlwild und plötzlich auch der Hirsch, der ein Schmaltier in das Sichtfeld der Jäger trieb, dort verhoffte und mit weit zurückgelegtem Haupt zum Schrei ansetzte.

„Ia-Hirsch!", flüsterte Sonntag und fasste sein Gewehr fester. Hubert aber winkte ab. Er musste den Hirsch erst ansprechen. Der erwartete Zwölfer war es nicht, das hatte er schon gesehen, denn da waren an beiden Stangen keine Eissprossen.

Jetzt wendete der Hirsch sich ein wenig und blieb müde dösend breit stehen. Das genügte Hubert, um zu erkennen, dass dort ein Kronenzehner stand, der wohl mehr als zehn Jahre alt und somit nach den Abschussrichtlinien „richtig" sein musste.

Hubert nickte dem Gast zu: „Schießen!"

Sonntag hob erstaunlich fix seine elegante Bockdoppelbüchse, strich an einer Buche an und schon knallte es. Den Hirsch riss es erschreckt zusammen. Er äugte verunsichert umher, wusste aber die Störung offensichtlich nicht recht zu deuten. „Noch mal!", zischte Hubert, und gleich knallte es erneut. Diesmal aber anders, ein helles „Pitsch" war es, das Hubert verblüfft an eine Patrone kleineren Kalibers denken ließ.

Der Hirsch aber zeichnete diesmal deutlich, und in der Flucht sah Hubert, dass er einen Vorderlauf nicht aufsetzte. Prasselnd verschwand das ganze Rudel in der nahen Dickung, dann war alles still. „Welches Kaliber schießen Sie aus dem zweiten Lauf Ihrer Bockdoppelbüchse?", fragte Hubert etwas argwöhnisch.

„Diese", sagte Sonntag und holte die Schachtel hervor. Was Hubert las, ließ ihn tief atmen, schweigen und hoffen, dass Schweißhündin Juno bei guter Kondition sei.

Nach angemessener Wartezeit, während der Hubert einige Kollegen herangefunkt hatte, konnten wir mit der Nachsuche beginnen. Herr Sonntag verlangte nach seinem Jäger, der mit dem mitgebrachten Münsterländer „mal nachsehen" solle. Die beiden waren aber so schnell nicht greifbar, so dass wir beschlossen, die Nachsuche zunächst selbst mit dem Schweißhund zu probieren.

Die Wechsel der Dickung waren abgestellt, als Juno begann, den Anschuss zu suchen. Den zeigte sie nicht, drängte aber sofort stürmisch in die Fluchtrichtung des Rudels. Sie arbeitete mit hoher Nase, was kein Wunder war, denn dort roch selbst für unsere stumpfen Nasen noch alles nach Rotwild.

Kaum waren wir in der Dickung, da brach es vor uns, ein Hirsch flüchtete nach hinten. Juno sprang in den Riemen, aber ich hielt sie fest. Es schien mir so, als sei vor uns ein junger, vielleicht zwei- bis dreijähriger Hirsch gewesen, der mit der Nachsuche nichts zu tun hatte. Dieser Eindruck bestätigte sich, als der Hirsch auf die Blöße hinaus flüchtete und deutlich sichtbar wurde. Dort kam er dem auf dem Rückwechsel abgestellten Herrn Sonntag sehr nahe, bevor er in kopfloser Flucht erneut die Dickung annahm.

Juno beruhigte sich schnell und konzentrierte sich bald wieder auf die Wundfährte. Schon dreihundert Meter weiter wurde sie wieder heftig und wollte geschnallt werden. Als im gleichen Augenblick bei einem vorgestellten Schützen ein Schuss fiel, war sie frei. Sie schoss davon und wurde sofort laut. Keine zwei Minuten dauerte es, da ging ihr Fährtenlaut in tiefen Standlaut über. Damit schien die Nachsuche so gut wie gelaufen, glaubten wir jedenfalls.

Es gelang auch gut, den Laut gegen den Wind anzugehen. Nur der Fangschuss wurde zum Problem. Die Fichten standen so dicht, dass selbst aus fünf Metern Entfernung weder Hirsch noch Hund zu sehen waren. Nur ab und zu blitzten die weißen Enden des Geweihs zwischen dem Grün der jungen Bäume. Es blieb nichts anderes übrig, als nach der Stellung des Geweihs die Position des Wildkörpers zu taxieren und durch die Zweige dahin zu schießen, wo Blatt oder Trägeransatz zu vermuten waren.

Im Knall brach der Hirsch aus, die Kugel hatte ihn nicht erreicht.

Juno aber blieb dran und brachte ihn nach etwa hundert Metern wieder zum Stehen. Dort sah es nicht besser aus, die Fichten standen dicht wie eine Bürste. Diesmal aber kam die Kugel an. Nach dem Knall hörte man nur noch Schlegeln und den Hund mit vollem Fang knurren.

Die angestellten Jäger kamen bald zusammen, und Huberts „Waidmannsheil" klang sehr erleichtert. Gemeinsam zogen wir den Zehner auf die Blöße hinaus, wo Herr Sonntag noch stand und begeistert von einem Ia-Hirsch berichtete, der ihn zu Beginn der Nachsuche fast umgerannt hätte. Beim Aufbrechen stand der Erleger niemandem im Wege und erzählte von einem Ia-Hirsch, den er im Ausland gestreckt hatte.

Dann brachten wir den Hirsch nach Polau zum traditionellen Streckenplatz. Dort wird in idyllischer Umgebung jeder Hirsch aus den Revieren um Polau auf Eichenlaub zur Strecke gelegt und würdig verblasen. Dazu kommen immer Gäste, die dem Erleger ehrlich gratulieren und sich aufrichtig mit ihm freuen. Sie genießen die besondere Atmosphäre und die festen und flüssigen Spezialitäten, die das Jagdhaus Polau immer reichlich bietet.

So auch Willi Fuchs, Waldarbeiter im Vorruhestand, der das Revier kennt wie kaum ein anderer. Er kennt auch alle Hirsche und gibt ihnen schon in der Feiste einen Namen.

Mit untrüglichem Sinn spürt er auch, wann einer davon unter der alten Buche am Streckenfeuer liegt. Willi verpasst keine Feier und kommt gerne, um mit den glücklichen Erlegern deren Freude und Vorräte zu teilen.

Herrn Sonntags Teilnahme blieb verhalten. Er fragte, was hier in solchen Fällen „für die Jäger" protokollarisch üblich sei und ließ von seinem Jäger einen Schnaps verteilen, um sich dann bald in sein Hotel fahren zu lassen.

Vorher warf er noch einen Blick auf die Trophäe seines Hirsches und fragte nachdenklich: „Was wäre gewesen, wenn ich so einen Mönch erlegt hätte, wie wir ihn gestern gesehen haben?"

Das hörte Willi Fuchs, der neben einer Flasche edlen Qstbrandes in der Sonne saß. Er befand sich bereits im Stadium fortgeschrittener Mitfreude und klärte Herrn Sonntag auf: „Das wäre nicht schlimm gewesen. In solchen Fällen wird die blanke Schädelplatte auf ein Brett gesetzt und dort, wo die Rosenstöcke fehlen, werden die Grandeln hochkant aufgeklebt. Das ist dann allerdings kein Mönch, sondern eine Nonne der Klasse Ib."

Größe

Da lag sie nun. 35 kg mochte sie haben. Wahrscheinlich ein Überläufer, vielleicht auch ein ganz starker Frischling. Der Schuss saß gut. Eigentlich war alles in Ordnung.

Aber die Umstehenden schwiegen betreten und machten lange Gesichter. Alle Blicke wanderten immer wieder zu dem Bauch der Sau. Da war das dicke Gesäuge. Und da waren die langen, frisch benutzten Zitzen. Ihre Frischlinge mussten noch sehr klein sein.

Zwei davon hatte der Schütze neben der erlegten Bache noch treffen können. Vier waren ihm im hohen Gras entwischt. Der Mann trug einen schlichten Lodenmantel.

Die Jagd war noch nicht zu Ende. Aber Handys brachten die Botschaft schon von Hochsitz zu Hochsitz.

So etwas hätte heute nicht passieren dürfen. Gerade hier im Revier Johannessee nicht, wo der Revierleiter Wert auf saubere Jagd legt. Jeder weiß, dass er seine Gäste vorrangig nach jagdlicher Qualität aussucht. Er lehnt es ab, sein Revier und „seine" Tiere zu ballistischem Lustgewinn feilzuhalten. Er ist noch jung und glaubt an Ideale.

Der Mann neben der toten Bache wurde hinter seinem Rücken schnell zum Prügelknaben:

„Der hat keine Ahnung."

„Eine Mordssauerei!"

„Tierquälerei!"

„Gewehr wegnehmen."

„Wie kann man nur so rücksichtslos sein?"

„Man sollte ihn sofort nach Hause schicken!"

„Der wird hier nie wieder eingeladen"

Die Stimmung war trübe.

Wir saßen noch eine Stunde auf unseren Ständen. Dann kam der Helfer mit dem Wildwagen.

„Na und?", lachte der. „Das gibt's doch überall. Ist kein Problem."

Und er hatte für den unglücklichen Jäger auch einen Rat:

„Bediene dich doch des Tricks mit der sogenannten nachgeordneten Bache. Ein Universal-Alibi für unbeschwertes Jagen. Die Masche mit den Beibachen glaubt im Moment fast jeder.

Die Frischlinge? Frisst der Fuchs. Das ist in der Natur so."

Das war der schlichte Rat eines erfahrenen Praktikers. Aber so ganz schien der sich selbst nicht zu trauen. Er bot vorsichtshalber noch weitere Hilfe an:

„Ich werde die Bache auf dem Anhänger liegen lassen und nicht auf die Strecke legen. Damit ersparen wir auch dem Chef eine Verlegenheit."

Die Strecke war gut. Auf Fichtenzweigen unter der großen Eiche lag mehr Wild als erwartet. Rotwild, Damwild, Sauen, Rehe und ein Fuchs mit prächtigem Balg. Im Schein warmer Fackeln sammelten sich die Jäger und erzählten fröhlich von einem besonderen Tag.

Nur einer stand still und etwas gebeugt am Rand der Strecke gleich neben der großen Eiche. Dort lag auch ganz vorne und deutlich sichtbar die Bache, deren Frischlinge jetzt draußen auf sie warteten. Er selbst hatte sie hergebracht und auf die Strecke gelegt. Der Mann trug einen Lodenmantel und stand im flackernden Licht einer großen Holzfackel.

„Das ist seine letzte Jagd in diesem Revier", raunte es unter grünen Hüten. Aber man war gespannt, wie der Jagdleiter mit dieser peinlichen Sache umgehen würde. Solidarisch totschweigen und schön reden? Wie das woanders üblich ist? Das traute man ihm nicht zu.

Dann klangen Hörner. Der Revierförster bedankte sich bei allen und verteilte die Brüche. Zuerst für das Rotwild. Drei Jäger erhielten einen Bruch und steckten ihn mit Stolz an ihren Hut.

„Jetzt komme ich zum Schwarzwild", sagte der Revierförster.

Da trat unverhofft einer vor, der noch nicht aufgerufen war. Ein Mann im Lodenmantel stellte sich neben den Jagdleiter in den Schein der Fackel und bat um das Wort.

„Liebe Jagdfreunde und Kollegen. Unser Gastgeber und ich sind durch die selbe jagdliche Schule gegangen. Wir haben oft diskutiert, ob es richtig ist, Fehler zu verstecken und schönzureden, oder ob man dazu stehen soll. Dort an der Eiche, vor Kopf der Strecke liegt eine schwache Sau. Es ist eine führende Bache. Vier ihrer Frischlinge sind noch draußen. Sie sind noch zu klein, um zu überleben. Ich habe die Bache geschossen. Ich weiß selbst nicht, wie mir das unterlaufen konnte. Aber es ist passiert. Ich kann es nicht rückgängig machen. Es tut mir unendlich leid. Ich schäme mich."

Von dieser Jagd wurde noch lange gesprochen. Nicht von der hohen Strecke. Nicht von den guten Taten und auch nicht von einem bedauerlichen Fehler. Wohl aber von einem Jäger, der unter seinem schlichten Loden Größe und Würde trägt.

Und noch bei den Fackeln reichten sich ihm viele Hände. Alle sagten: „Auf Wiedersehen, bis zum nächsten Jahr."

Hubertussitz und Killerkanzel

Manche feste hohe Kanzel ist jahrelang Ausgangspunkt jagdlichen Erlebens, Dreh- und Angelpunkt des Reviergeschehens und bleibt doch namenlos, wird nie getauft. Es muss erst etwas Besonderes passieren, und plötzlich trägt der Ort oder die Kanzel einen Namen, der die Erinnerung an dieses Ereignis eine Zeit lang wach hält. Spätere übernehmen den Namen, ohne noch um seinen Ursprung zu wissen.

In einem stillen Heiderevier stehen nicht weit voneinander entfernt zwei einfache, roh gezimmerte erdebene Ansitzschirme, die beide an jenem Hubertustag ihren Namen erhielten, für den sie eigens erstellt wurden. Von einer Hand aus gleichem Holz gebaut, sehen sie sich sehr ähnlich, und doch wurde ihnen am selben Tag von ihren Erstbenutzern ein grundverschiedener Stempel aufgedrückt, der ihnen Namen und Omen gab.

Da ist zunächst die „Killerkanzel" im sogenannten Neuen Gehege. Ein unschuldiger Erdschirm, der an einem selten befahrenen Sandweg auf der heidebewachsenen Böschung steht. Wer darin auf dem rohen Eichenbrett Platz nimmt, hat vor sich eine breite Schneise, die zwei gute Einstandsdickungen aus stubenhohen Kiefern trennt. Rechts und links kann er einen breiten Weg weit einsehen und hat hinter sich wiederum eine große, als Rotwildeinstand sehr beliebte Dickung, in der mächtige Überhälter stellenweise den monotonen Nachwuchs zurückhielten und sonnige Inseln der Ruhe mit saftiger Beerkrautäsung schufen.

Das erwähnte Neue Gehege selbst ist eine ruhige Waldinsel inmitten ständig beunruhigter Freiflächen, und erwartungsgemäß erwies sich an jenem ernteretchen Hubertustag dieser Schirm als bester Stand der wohlorganisierten Ansitzjagd auf Hochwild.

Nur einem kleinen Missverständnis bei der Besetzung der morgens ausrückenden Fahrzeuge war es zuzuschreiben, dass dort nicht der für diesen Platz vorgesehene Gast, sondern ein Fremder eingewiesen wurde, den der anstellende Forstbeamte auch namentlich nicht kannte und der als Repräsentant einer weitläufig benachbarten Verwaltung erschienen war.

Als in diesem Bezirk alle Stände besetzt und die Gäste genau eingewiesen waren, ging der Förster selbst mit drei kundigen Waldarbeitern, einem Jagdfreund und seinem Schweißhund behutsam und leise die Wechsel entlang, rührte das in den Einständen wiederkäuende Wild vorsichtig an, damit es den Schützen vertraut komme, gut angesprochen und sicher beschossen werde. Das war ihm wichtig, hatte er doch schon erlebt, dass unerfahrene Jäger, ihrer gesellschaftlichen Stellung gemäß auf guten Ständen angesetzt, von plötzlichem Wildanblick erregt, „sein" Wild hemmungslos unter Feuer nahmen. Während man danach fröhlich den üblichen „schönen Jagdtag" beprostete, hatte er an die verwaisten Kälber denken müssen.

Die Treibergruppe kannte sich aus, sie ging gut. Ringsum knallte es bald und oft. Besonders aus der Gegend des neuen Schirms im Neuen Gehege. Und es war kein Zufall, dass der Grünrock gegen Ende der vereinbarten Ansitzzeit an der breiten Schneise zwischen den beiden Dickungen eintraf. „Hier sind mehrere Schüsse gefallen, unser neuer Schirm steht gut", sagte sein junger Waldarbeiter, der selbst Jäger ist und plötzlich neben ihm auftauchte.

Der neue Schirm war leer, aber der fremde Jäger zog eben ächzend ein schweres Stück Wild aus der Dickung an den Weg. Einen bestveranlagten Rotspießer, dem erst die dritte Kugel das kurze Leben beendete. „Ich habe fünf

Stück", rief der Fremde triumphierend, und sein Gesicht war noch von der Anspannung gekennzeichnet. Stolz zeigte er zunächst auf seine halbautomatische Büchse, dann auf die andere Seite des Weges: „Dort noch ein Alttier und das zugehörige Kalb, hinter dem Stubbenwall liegt ein Schmaltier und dort am Wegekreuz muss auch noch was liegen."

Der Förster besah sich lange den Spießer, ging dann auf die andere Seite des Weges, wo statt des Alttieres mit „zugehörigem Kalb" zwei führende Tiere lagen.

Am Wegekreuz, wo „auch noch was liegen" sollte, fand er Schweiß, aber kein Wild. Hinter dem Stubbenwall fiel währenddessen ein Fangschuss, den der junge Waldarbeiter aus seiner kurzen Büchse abgab, bevor er ein weiteres Alttier mit prallem Gesäuge an den Weg zog.

Als zwei Stunden später der Schweißhund den Förster vom Wegekreuz durch zwei Dickungen zum Wundbett eines Tieres mit Keulenschuss führte, war der Fremde nicht dabei. Er musste eilig zum Sammelplatz, wo der Jagdleiter die gemeldete Strecke verlas. Und wer will schon den stolzen Moment verstreichen lassen, wenn man fünf Brüche erhält und Jagdkönig ist. Dieser unschuldige Erdsitz heißt bis heute „Killerkanzel".

Nur fünf Pirschminuten entfernt steht auf sorgfältig gewähltem Platz am Wegesrand unter dem Stamm einer Birke der „Hubertussitz", der bis zu diesem Tage ebenso neu und namenlos war.

Der dort zu gleicher Zeit eingewiesene Jäger, ein Mann in mittleren Jahren, stellte bedächtig seinen abgegriffenen Stutzen in die Ecke. Sein Hund nahm wie selbstverständlich in abgeklärter Ruhe auf der Bank neben ihm Platz. Beide sahen sich zufrieden um, und den Mann störte es nicht, dass dieser Stand wenig beuteträchtig schien. Da waren vor ihm nur vom Sturm gelichtete Altholzkiefern, keine Dickungen oder deckungsreiche Bodenwellen, die das Wild auf sicheren Wechseln vor seine Büchse leiten mussten.

Obwohl ihm unendlich vertraut, erlebte er bewusst die Stimmung dieses schönen Herbsttages, der in seiner farbigen Pracht vielleicht der letzte dieses Jahres vor einem trüben November und nasskalten Winter sein würde. Seine Augen steckten nicht gierig das Schussfeld ab, sondern hingen an dem warmen Licht der Herbstsonne, dem matten Rot der überreifen Früchte der Ebereschen und suchten im sattgrünen Krautteppich zwischen verblühter Heide die köstlichen Preiselbeeren.

Dabei sah er eine Überläuferbache zu spät, die ihre Frischlinge auf dem Fernwechsel am Schirm vorbei ins „Neue Gehege" führte. Den Frischlingen hätte er noch einen Schuss nachwerfen können. Aber er ließ sie alle gesund ziehen. In langen Jahren ernteeichen Hochwildjagens war ihm in vielen nachdenklichen Ansitzstunden die ehrfürchtige Achtung vor der einzelnen Kreatur wichtig geworden. Er jagte gerne und erfolgreich, aber immer nur so, dass das von ihm ausgehende Sterben humaner war als der natürliche Übergang von Leben zu Materie.

Aber bald bewegte sich da vorne wieder etwas. Nicht silber-schwarz wie eine Winterschwarte, nicht fahlbraun wie das Herbsthaar des Rotwildes, sondern fast weiß erschien das lange, greise Haupt eines steinalten Rottieres vorsichtig spähend, den Wind prüfend zwischen den Birkenzweigen. Da war der Jäger hellwach, bewegte sich nicht mehr, langte nur ganz langsam nach seinem Stutzen. Kein Hirsch, und sei er noch so alt und voll reifer Erfahrung kann aus seinem Gesicht so viel abgeklärte Weisheit ausstrahlen wie ein Alttier, das seine vorgegebenen, ständig gefahrvollen Jahre hinter sich gebracht und unzählige echte und vermeintliche Lebensbedrohungen überwunden hat.

Das Auge des Jägers entdeckte allerdings schon einen Hauch jener stumpfen Müdigkeit, die überzählige Lebensjahre auf den Körper legten und sah die Steifheit in den ehemals geschmeidigen Läufen des Tieres, als es langsam, ganz alleine, auf vertrautem Wechsel dem Schirm näher kam. Kein Kalb war zu sehen, vielleicht führte es schon lange keines mehr.

Zögernd trat das Tier im Beerkraut hin und her, reckte aufmerksam das lange sehnige Haupt in den Wind, spielte mit den überlang wirkenden, fast weiß erscheinenden Lauschern und vernahm in der Ferne hinter sich das Klopfen eines Treibers. Wie schon so oft in seinem gefahrvollen Leben, da es noch als Leittier die Verantwortung für viele Generationen trug, beurteilte es die Situation souverän und plante geschickt, der Störung auszuweichen.

Eines konnten ihm die wachen Sinne jedoch erst im letzten Moment warnend signalisieren, den hochläufigen Hund, den ein modisch gekleideter Jagdgast aus der Stadt mitbrachte und den er ins Treiben schickte, weil er doch sonst so wenig Auslauf habe. Plötzlich war der große Hund da, lautlos auf der frischen Fährte kommend, entdeckte er das Wild und setzte zu stummer gefährlicher Hetze an.

Immer noch auf seine stets rettenden, allen domestizierten Tieren haushoch überlegenen Reaktionen vertrauend, setzte sich das eisgraue Tier in Bewegung, erst langsam, dann immer schneller werdend. Fast wie in jungen Jahren spielten die Reflexe der Muskeln und Sehnen. Die Rückenlinie blieb gerade, während die Läufe scheinbar berührungslos über Moos und Beerkraut wirbelten. Die

grüne Holzabfuhrschneise überfiel es in einer hohen eleganten Flucht, als es aus dem kleinen Erdschirm einmal trocken knallte. Die Vorderläufe waren noch angewinkelt, als das Alttier mit Hochblattschuss auf der jenseitigen Böschung verendet ins Beerkraut schlug. Nur ein rätschender Eichelhäher und sein Hund waren dabei, als der Jäger nachdenklich das überalterte Tier betrachtete und sich über den guten Schuss freute. Hoch auf dem Blatt hatte das Geschoss die Wirbelsäule durchschlagen und dem Tier einen blitzartigen schmerzlosen Tod gebracht.

Einen Fuchs ließ der Jäger an diesem Stand noch unbeschossen vorbei schnüren. Er wollte und konnte sein jagdliches Erleben an diesem Hubertustag nicht mehr steigern.

Als man des Abends den Schützen mit der zahlenmäßig höchsten Strecke zum Jagdkönig machte und dafür den heiligen Hubertus mehrfach bemühte, sah mich der Mann aus dem Schirm zufrieden lächelnd an und flüsterte zwischen Prost und Horrido: „Weißt du, wo immer man heute abend den heiligen Hubertus beschwören mag, an langen Tischen oder in Kathedralen, er war heute den ganzen Tag bei mir." Ist es da verwunderlich, dass ich diesen schmucklosen Erdschirm dort unter der Birke „Hubertussitz" nannte?

Jahresausklang

In der alten Eiche vor dem Forsthaus heult der Westwind und treibt einzelne Schneeflocken aus der Finsternis in den Lichtkegel der Lampe an der Haustür. Sie sind dick und schwer, am Boden zerschmelzen sie. In der Dachrinne tropft es von den Ziegeln.

„Pünktchen" steht schaudernd auf der Schwelle, hebt zitternd einen Vorderlauf und äugt mich schräg von unten an. Da soll einer sagen, Dackel könnten nicht sprechen. Man muss sie nur verstehen! Ich habe ein Einsehen und bestehe nicht auf sofortigen Vollzug der Morgentoilette. Dankbar verschwindet das verwöhnte kleine Biest mit einem zufriedenen Grunzen in seinem Henkelkorb neben dem Ofen in der Küche.

Ich bin auch etwas enttäuscht. Dieser garstige Wettereinbruch zerstört meine Pläne und wird wohl auch mich in Ermangelung besseren Tuns an den Schreibtisch zwingen und somit diesen besonderen Tag zumindest teilweise der Bürokratie zum Opfer bringen.

Dabei mag ich den Silvestertag ganz anders: Nicht im Kaufhausgedränge, um noch Alkoholika für den (be)rauschenden Abend einzukaufen, nicht bei Badetemperaturen an einem südlichen Strand, auch nicht unter Leuten, die das alte Jahr wie einen bösen Geist lärmend davonjagen und das neue mit benebelten Sinnen und dem Verlangen nach Aspirin begrüßen.

Mich führt dieser Wechsel zu kritischer Rückschau und hoffnungsfroher oder banger Erwartung. Ich mag den Jahreswechsel in feierlich-stiller und besinnlicher Form, bei der ich die Wehmut des Abschieds und das Herzklopfen an der Schwelle einer noch ungeöffneten Tür empfinden kann.

Gern hätte ich heute den letzten Tag des Jahres im Revier verbracht. Wollte ohne Hast und Beuteverlangen dem verschwiegenen Bachlauf folgen, am Ufer des Sees ein wenig träumen, den Sauen und Hirschen ein paar Leckerbissen bringen und einfach das Gefühl haben, dass da draußen alles in Ordnung ist.

Als ich nach dem Frühstück nach den großen Hunden sehe, ist der Himmel heller und klarer. Eine andere Luft kündet Frost. Ja, gestern zogen Wildgänse über das Moor nach Südwesten. Ihnen folgt in aller Regel ein Kälteschub. Vielleicht wird es doch noch schön. Ich überlege nicht lange und habe schon den Entschluss gefasst, nun doch noch ins Revier zu gehen.

Es gibt kaum Schlimmeres, als auf der Pirsch Begleiter bei sich zu haben, die ständig plappern und schwatzen. Sie empfinden selbst wenig und stören die Andacht im Dom der Natur. Andererseits kann das im Revier mit einem Gleichgesinnten gemeinsam Erlebte auch zur doppelten Freude werden. Wem die Natur mehr zu bieten hat, als das, was man durch das Zielfernrohr sieht, schöpft aus solcher Fülle, dass er neidlos teilen kann. Was Auge und Ohr vernehmen, wird durch Anteilnahme und Mitempfinden nicht geschmälert, im Gegenteil!

So rufe ich denn meinen Freund Arnold an, der das ganze Jahr jagdlich an meiner Seite war, der alles im Revier kennt und keine überflüssigen Worte macht. Ohne zu zögern verschiebt er das geplante Ausschlafen und erklärt seiner Frau die Dringlichkeit der Mission.

Eine halbe Stunde später ist er bei mir, natürlich mit seiner ständigen Begleiterin „Biene", der pfiffigen Terrierhündin. Wir packen ein paar Zuckerrüben, ein bisschen Mais und unsere Hunde in den Laderaum des Kombis. Auf matschigen Wegen erreichen wir eine verschwiegene Stelle im Revier, die nicht ohne Grund „Tal der Stille" heißt. Dort steht unter alten Eichen an einem Bach eine Holzhütte, an der sich Hirsche und Sauen gerne einfinden. Sie werden hier nicht regelmäßig gefüttert, finden aber unter dem weit überhängenden Dach gelegentlich einen Leckerbissen, der sie immer wieder veranlasst, gelegentlich einmal vorbeizuschauen.

Viele gute Fotos gelangen mir hier aus dem nahen Schirm, und oft war es sehr interessant, das Verhalten des Rot- und Schwarzwildes unter- und gegeneinander zu beobachten. Nicht selten kam es zwischen den Schwarzen und den Roten zum Streit, manchmal um eine einzelne Rübe. Zwar wagte nie eine Sau einen Ausfall gegen drohend gesenkte Augsprossen, doch mit ihrem ungehobelten Auftreten in Menge und dreister Aufdringlichkeit schafften die Borstigen meistens doch den baldigen Rückzug der Klügeren. Wir legen ein paar Rüben aus und streuen den Mais abseits auf trockene Stellen, damit es heute keinen Streit gibt. Danach stapfen wir abseits der Wege durch das sturmgelichtete Altholz in Richtung des ausgedehnten Feuchtgebietes, dem wilden Naturwald, den wir „Ahldener Sunder" nennen. Der aufgeweichte Boden des Keilerwiesenweges ist überzogen mit einer stellenweise unterbrochenen, dünnen Schneedecke. Deutlich steht die Fährte eines Rothirsches im weichen Sand. Es kann noch nicht lange her sein, dass er hier zog, denn erst vor zwei Stunden hörte es auf zu schneien, und in diese Trittsiegel fiel keine Flocke mehr. Ein alter Hirsch war es, die stumpfen Abdrücke der Hinterläufe bleiben hinter denen der Vorderläufe zurück.

„Ingo" und „Biene" tupfen mit der Nase die Fährte ab und möchten ihr folgen, doch wir nehmen die andere Richtung, den birkenbesäumten Weg zu den alten Fischteichen. Fröstelnd schlage ich mir den Pelzkragen hoch. Es wird immer kälter. Vor uns lichtet sich der Bestand. Schilf und Rohrkolben markieren den kleinen moorigen Waldsee, der durch starken Schachtelhalmbewuchs langsam verlandet.

Dunkel erheben sich die Winterburgen der Bisam aus dem Wasser. Zwei prächtige Stockerpel stehen auf, schrauben sich hoch in den dunstverhangenen Himmel und verschwinden hinter den Kronen der knorrigen Erlen. Still und trübe ist es heute an diesem Ort, der sonst so viel Leben beherbergt und anzieht.

Wenn die Sonne wärmer scheint, furchen Karpfenrücken das Wasser in den Flachzonen des Teiches. Über ihnen kreist der Fischadler, holt sich mit sicherem Stoß regelmäßig seinen Anteil und lässt noch genug für meine Angel und den reglos im Schilf stehenden Graureiher übrig. Auch der seltene Waldstorch hat hier Ruhe, um sich reichlich aus den flachen Randzonen des stillen Wassers zu bedienen. In der aufgehängten Milchkanne brüten Stockente und Bachstelze gemeinsam. Zänkische Blässhühner behaupten unduldsam ihr Brutrevier am Schilfgürtel, aus dem an stillen Abenden auch die Rohrdommel zu hören ist.

Wem die sonst so geschundene Natur nicht zürnt, dem zeigt sie hier gelegentlich eine seltene Kostbarkeit, den saphirschimmernden Eisvogel, der mit schrillem Pfiff pfeilschnell am Ufer entlang schießt oder auf dem Ansitz still nach kleinen Fischen späht. Ungezählte gefiederte Sänger aus Schilf und Rohr lassen einen Sommermorgen an diesem Narjesberger Teich zu einem Konzertbesuch werden.

Und drüben am Grabeneinlauf kühlt sich oft nach durchbrunfteter Nacht der alte Platzhirsch vom Schielhopsberg im Schlamm, bevor er in seinen heimlichen Einstand zur Fürstenwiese zieht. Im März werden sich wieder Rotwild, Sauen und Rehwild gemeinsam einfinden, um sich zwei Wochen lang jeden Abend den Pansen oder Magen mit den jungen Trieben des Schachtelhalms vollzuschlagen. Die Tiere vollziehen damit alljährlich eine Frühjahrs-Blutreinigungskur, denn der Schachtelhalm – das wussten

schon die Alten – wirkt harntreibend und entschlackend.

Doch heute regt sich hier kaum Leben. Schwarz spiegeln sich die tiefbeasteten Randfichten im bleigrauen Wasser. Arnold bleibt stehen und schaut versonnen einer einsamen Kohlmeise zu, die gewandt auf einem überhängenden Grashalm über dem Wasser turnt. Plötzlich sagt er: „Schau dir das mal an, hast du so was schon gesehen?" Ich weiß nicht recht, was er meint. „Sieh doch mal genau hin, auf dem Wasser bildet sich Eis!"

Tatsächlich, auf der dunklen Oberfläche bilden sich vor unseren Augen unregelmäßig hellere Striche, die bald wie dünne Balken erhaben auf dem Wasser liegen, untereinander Anschluss finden und einen kleinen Bezirk wie ein Gitter überziehen. Dann schicken sie gefiederte Blätter mit exakt ausgebildeten Nerven und Gefäßen in die freien Räume. Immer dichter wird das Netz, und bald sehen wir die Fichten am Ufer nicht mehr im blanken Spiegel, eine matte hauchdünne Eisdecke überzieht das Wasser. Ein einfacher physikalischer Vorgang und doch ein faszinierendes Schauspiel.

Ich schaue auf. „Ingo" zieht am Riemen und äugt gespannt den Damm entlang. Dort steht auf fünfzig Schritt mitten auf dem Weg ebenso starr wie wir ein Fuchs im herrlichen Winterbalg. Er äugt zu uns herüber und weiß nicht recht, was er mit diesen Gestalten anfangen soll. Wir hingegen wissen es umgekehrt sehr wohl, haben auch beide ein Vollmantelgeschoss im Lauf, aber die Büchsen ungespannt über der Schulter hängen. Lange mustert uns der Rotrock und empfiehlt sich mit einer schnellen Flucht über den Graben. Noch einmal sehen wir im fahlen Gras seine kohlschwarzen Gehöre, dann ist er verschwunden.

Weiter folgen wir dem Uferdamm und müssen achtgeben, nicht in die Röhren der Bisambaue zu treten. Diese unausrottbaren Nager bereiten uns hier manchen Kummer. Sie wühlen die Dämme auf, lassen das Wasser ab und legen ihren eigenen Lebensraum trocken. Sicher, sie sind mit unseren Mitteln unausrottbar. Aber wollen wir sie überhaupt ausrotten? Wohl kaum, aber sehr kurz halten. Zu gerne denke ich an die spannende und stimmungsvolle Bisamjagd im März. Wenn alles Wild vor Nachstellung sicher ist und nur die Fürsorge des Jägers genießt, beginne ich etwas vorgezogen das neue Jagdjahr mit der so reizvollen Ansitzjagd auf dieses kleine Pelztier. Sie ist mir ein vollwertiger Ersatz für den früher so geliebten Schnepfenstrich. Schon im Februar baue ich mir am Ufer aus Birkenzweigen und dürrem Gras einen kleinen Schirm nahe der im Schachtelhalm sichtbaren „Fahrrinnen" zwischen der Winterburg da draußen und dem Bau im Ufer. Wenn dann der noch zaghafte Gesang der Drossel das Weichen des Eises kündet, erlebe ich in meinem Schirm in stiller Besinnung den untergehenden Tag und das Erwachen der Natur. Der Haselstrauch hat über Nacht aus seinen kleinen Knospen lange blassgrüne Kätzchen hervorgezaubert; am Schilfrand hält der bunte Erpel aufmerksame Wacht für seine irgendwo brütende Gefährtin.

Und wenn die anbrechende Nacht die Konturen verwischt, die Drossel verschweigt und der erste blasse Stern erscheint, dann furcht plötzlich ein kleines dunkles Etwas das stille Wasser. Lautlos aufgetaucht ist es einfach da und zieht einen blinkenden Keil über den matten Spiegel. Vorsichtig mitfahrend muss der Zielstachel der KK-Büchse genau die Spitze dieses Keiles finden …

Doch bis dahin ist es noch eine lange kalte Zeit. Wir wandern mit „Ingo" und „Biene" den Uferdamm entlang bis zum Erlenbruch. Dort erreichen wir den schmalen Pirschpfad, der uns mitten hinein in das ausgedehnte, dschungelartige Sumpfgebiet führt, dem „Ahldener Sunder", der weiten eiförmigen Niederung zwischen den sanft ansteigenden Hügeln eiszeitlicher Endmoränen. Es riecht modrig hier. Dicke Moospolster liegen auf dem feuchten schwarzen Boden. Vor vielen Jahren muss hier ein guter Bestand starker Fichten gestanden haben. Davon künden noch einzelne überalterte Bäume, die wie Säulen tiefbeastet und knorrig hoch aus dem übrigen Bewuchs hervorragen. Sturm, Feuer, Käfer und natürlicher Alterstod fällten die anderen Riesen.

Viele wurden vor Jahren vom Orkan wie Streichhölzer in der Mitte abgedreht. Die Kronen stürzten zu Boden. Die toten Stammstücke ragen noch heute wie bleiche Finger mit bizarrem Astwerk in den Himmel. Alle Versuche, dieses Holz zu bergen, schlugen fehl. Große Maschinen versanken ebenso, wie früher schon Pferde, die sich abseits der wenigen Knüppeldämme bewegten. Sicher wäre es mit hohem technischen Aufwand möglich, dieses Gebiet zu entwässern, trockenzulegen und geregelte Land- und Forstwirtschaft zu betreiben. Doch zum Gefallen aller Naturfreunde kann darauf verzichtet werden, weil dieses Gebiet vorrangig militärisch genutzt wird und nicht unbedingt wirtschaftlichen Nutzen abwerfen muss. So bleibt dieses weit und breit einmalige Refugium für Tiere und Pflanzen und als natürlicher Schwamm der sonst trockenen Heidelandschaft erhalten.

Jetzt steht bürstendichte Naturverjüngung dort, wo Naturgewalten Löcher in das Kronendach rissen. Auf den höheren lichten Stellen breitet der Adlerfarn den rostbraunen Filz seiner abgestorbenen Wedel über die verwesende Unordnung, die gleichzeitig neues Leben in verschwenderischer Fülle entstehen lässt. Baumschwämme, Specht, Käfer und Bakterien arbeiten hier in lebenserhaltender Symbiose an dem natürlichen Kreislauf der Materie. Nie wurden hier Borkenkäfer chemisch bekämpft. Dennoch gab es keine Kalamitäten, die natürlichen Regulatoren erhalten das Gleichgewicht.

Aber einmal im Jahr stört der Lärm von Motorsägen diese naturgeweihte Ruhe. Sie fressen sich durch morsches Fallholz und Windwurf. Sie pflegen und erhalten das ausgeklügelte Netz verschwiegener Pirschpfade, das dem vorsichtigen Weidmann ermöglicht, auch hier im geborgenen Einstand den heimlichen Brunfthirsch behutsam zu belauschen, die Fütterung der jungen Schwarzstörche auf dem Horst zu erleben oder auch ganz einfach einmal allein zu sein.

Auf wabbelnd-weichem Morast folgen wir dem Pfad entlang einer ehemaligen Rieselwiese, die jetzt sumpfig und vernässt mit Binsen, Schilf und Weidenbüschen bestanden ist. Neben einer dichten Schilfinsel steht plötzlich „Biene" aufgerichtet auf den Hinterläufen und reckt ihren schlanken Kopf hoch in den Wind. Da muss doch etwas sein, aber es ist nichts zu sehen. Erst als wir hinter der von Wildäsern kugelig gestutzten Weide hervortreten, entdeckt Arnold im Schilf den schwarzen Rücken einer starken Sau. Das könnte ein Keiler sein, aber das dichte Schilf erlaubt kein sicheres Ansprechen. Dann sehen wir, dass sich auch dort die Schilfstängel bewegen, wo wir keine Sau sehen. Es müssen Frischlinge sein, die dort unten im modrigen Schlamm nach Wurzeln und Insekten brechen. Unbemerkt können wir uns weiterstehlen.

Vor uns wird das Rauschen des Wassers stärker. So, wie er sich beim ersten Sturzregen seinen verschlungenen Weg suchte, fließt er heute noch, der Hohebach. Er gräbt sich unbehelligt immer tiefer in den Heidesand, umspült so lange die Wurzeln, bis der Baumriese über ihn stürzt, dem Marder von Ufer zu Ufer eine willkommene Brücke schlagend, bis Käfer und Pilze, Wasser und Sonne auch dieses Holz wieder zu Erde werden lassen.

Im sonst ruhig fließenden Bach türmte der Sturm aus Falllaub und Treibholz ein Wehr, staute das drängende Wasser, bis es sich schäumend einen neuen Weg zwischen den Wurzeln anderer hoher Erlen grub. Von dort stürzt es mit Getöse in den Kolk des tiefen Bachbettes, bildet Wirbel und Strudel und zieht dann plötzlich breit, seicht und ruhig über flachrunde Kieselsteine bis zum verlandenden Fischteich. Manch gute Bachforelle wird hier stark und alt, ungefährdet durch vergiftete Abwässer aus menschlichen Siedlungen.

„Ingo" bewindet mit auffälliger Hingabe einen morschen Stubben am Bachufer. Ich kann dort nichts erkennen. Doch dann dreht er sich umständlich seitwärts, hebt den Hinterlauf, markiert ausgiebig die Stelle und zeigt uns an, dass sein Vetter Reineke hier kürzlich auch seinen Reviergang machte und Ähnliches tat.

Der zunehmende Frost macht das Falllaub auf unserem Wege steif und brüchig. Wir kommen nicht mehr lautlos voran und schlagen deshalb die Abkürzung zur Fürstenwiese ein. Langsam wollen wir uns wieder auf den Heimweg machen. Ich denke bereits an die warme Stube, den Weihnachtsbaum, Bratäpfel und Glühwein.

Da stemmt sich mein Hund mit aller Macht gegen den Zug der Halsung und tupft mit der Nase über einen stark angenommenen Wechsel, der quer zu unserem Pirschweg verläuft. Ich lasse ihn alles gründlich untersuchen und will dann weitergehen. Doch „Ingo" stemmt dickschädelig seine Läufe in die Erde und will unbedingt dem Wechsel folgen. Diesen Wechsel kenne ich genau, er führt auch zur Fürstenwiese, aber durch einen Windwurfverhau.

Arnold kommt hinzu und fragt: „Was hat er denn da?"
„Ich weiß es nicht, aber etwas scheint ihn ganz besonders zu interessieren."

Wir untersuchen beide den Wechsel, können zuerst nichts finden, bis dann der Hund etwas weiter mit der Nase das Trittsiegel einer stärkeren Sau verweist. „Vielleicht ein Keiler", meint Arnold, „lass ihn doch mal suchen." Mir scheint die Sache etwas rätselhaft. Warum interessiert den Hund ausgerechnet diese Saufährte so besonders, wo er im Laufe unseres Pirschganges doch viele frische Hochwildfährten gekreuzt hat, ohne dass ihn eine davon in ihren Bann schlug. Aber dann gebe ich doch nach. Es kann nicht schaden, wenn „Ingo" diese Fährte ein Stück ausarbeitet, denn das ist ja im Zuge seiner Ausbildung ohnehin seine derzeitige Lektion. Also gebe ich ihm etwas Riemen, und schon drängt er mit Macht vorwärts. Auch Arnolds „Biene" möchte folgen und legt sich in die Halsung. Arnold dockt den langen Riemen ab und gibt ihr die nötige Freiheit dazu. So ziehen wir wie zwei Gespanne den Wechsel entlang, „Ingo" und ich vorweg. Zuerst ist alles ganz einfach. Es geht immer den deutlich sichtbaren Wechsel entlang. An einer Lichtung wird es schon schwieriger. Dort ist der Boden grasbewachsen und der Wechsel nicht mehr so gut zu erkennen.

Das bereitet „Ingo" aber keine Probleme, er führt zügig über die Lichtung hinweg auf einen größeren Fichten-Anflughorst zu. Der ist bürstendicht und so recht geschaffen als Tageseinstand einer einzelnen Sau. Aber der Hund geht nicht hinein, sondern zieht seitwärts daran vorbei. Seine zielstrebige Arbeitsweise und die stets tiefe Nase geben mir Gewissheit, dass er die Fährte noch sicher hat.

In einer weiten Schleife erreichen wir erneut den Hohebach mit seinen quelligen Zuläufen. Tief sinken wir in den weichen Morast ein, durchqueren einen Graben und offene Wasserlachen. „Ingo" pendelt ein wenig und schlägt Bogen um das Wasser. Jetzt bin ich nicht mehr so sicher, ob er noch „drauf" ist, aber da ich es selbst nicht besser weiß, bleibt mir keine andere Wahl, als ihm zu vertrauen. Nach der „Hirschmannschule" müsste ich jetzt eigentlich abbrechen, weil ich die Übungsfährte und die Richtigkeit der Arbeit nicht mehr kontrollieren kann. Aber „Ingo" denkt da anders. Er will auf keinen Fall nachlassen. Also lasse ich ihn gewähren.

Es geht weiter durch andere Anflughorste, die bürstendicht stehen und uns Hände und Gesicht schrammen. Dann stehen wir plötzlich vor der Fürstenwiese. Von hier könnten wir auf kurzem Wege wieder unser Auto erreichen. Aber was mag es sein, was meinen Hund so fesselt? Nun wollen wir es wissen und bleiben dran. Ingo führt uns über die schmale Wiese hinweg weiter in das Sumpfgebiet hinein. Vor uns stehen viele Fährten; ich weiß nicht, welcher er nachhängt, hoffe und glaube aber, dass es immer noch unsere einzelne starke Sau ist. Wir werden neugierig und wollen uns, soweit der Boden trägt, vom Hund führen lassen.

Noch einmal wird der Boden weich, und wir müssen sehen, unsere Stiefel an den Füßen zu behalten. Dann erreichen wir einen lichten Laubholzbestand. Die Sonne scheint jetzt aus klarem Himmel und lässt das Weiß der Birken in herrlichem Kontrast zu den grünen Moospolstern und dem rostbraunen Adlerfarn leuchten. „Ingo" hat dafür kein Auge. Er liegt fest im Riemen, durchquert dieses stimmungsvolle Bild und strebt einem dichteren Birkenbestand zu, der mit einzelnen Fichtenhorsten unterstanden ist. Dort sehe ich auch plötzlich die vermeintliche Ursache seines Eifers. Ein ganzes Rudel Rotwild hat sich hier niedergetan. Wir stehen praktisch schon mitten drin. Links von mir stehen zwei Alttiere mit „langen Hälsen", vorne äugt ein dummer Spießer in die falsche Richtung, ein Kalb sitzt noch arglos am Stammfuß einer Birke. Das Wild kann es gar nicht glauben, hier an dieser sonst immer ruhigen Stelle gestört zu werden.

Einige Stücke treten ratlos hin und her, andere erheben sich langsam, recken und strecken sich, bis ein graues Tier sich von den reglos verharrenden Störenfrieden Wind holt, uns erkennt und davonstiebend das ganze Rudel mitreißt. Die Schalen des schweren Wildes trommeln den Boden, Moosfetzen fliegen, Wasser platscht, Äste krachen. Aber es wird sich bald beruhigt haben und sich einen anderen ruhigen Platz in diesem sicheren Einstand suchen.

Wir könnten nun abbrechen, zurück zum Weg und heimwärts gehen. Denke ich. Doch wieder denkt „Ingo" anders, er will weiter. Ich hatte ihn in die Downlage gedrückt; er hat von dem Rotwild kaum etwas gesehen. Soll er ruhig etwas warme Witterung schnuppern. Also lasse ich ihn wieder ziehen. Die Terrierhündin hat mehr bemerkt und schlottert vor Aufregung. Auch „Ingo" nimmt jetzt die Nase hoch, wird sehr unruhig und möchte gleich hinter dem Rudel her jagen. Das darf er natürlich nicht. Nach einer Weile tragen wir beide Hunde aus der Dunstwolke heraus und setzen uns auf einen Windwurfstamm. Die Hunde sollen sich beruhigen.

„Ich kann mir aber nicht vorstellen, dass „Ingo" die Rudelfährte des Rotwildes gearbeitet hat", meint Arnold nachdenklich, „ein solches Rudel zieht oder äst sich in breiter Front zum Einstand. Das Fährtenbild wäre uns unterwegs aufgefallen. Außerdem waren es deutlich Trittsiegel einer Sau, die die Hunde anfangs verwiesen haben." Arnold hat recht. Mir scheint es auch so, als habe das Rudel zufällig auf unserer Fährte gesessen. Aber wie sollen wir die Fährte der Sau wiederfinden? Dabei fällt mir das für solche Fälle probate Mittel der „Hirschmannschule" ein: Man umschlägt die Zone, in der man nicht arbeiten kann und erwartet vom Hund, dass er weiter vorne seine Ansatzfährte wiederfindet. Das ist natürlich von „Ingo", der erst in der ersten Phase der Abrichtung steht, zu viel verlangt, aber probieren will ich es trotzdem. So greife ich etwa fünfzig Meter vor und schlage einen Bogen um die Stelle, an der das Rotwild gesessen hat. Den Hund lasse ich dabei am langen Riemen vorhinsuchen. Obwohl ich es nicht erwarten kann, scheint es zu klappen. Genau in Verlängerung unserer abgebrochenen Fährte zeigt „Ingo" plötzlich wieder Interesse.

Auf meinen aufmunternden Zuspruch hin beginnt er tatsächlich wieder eine Linie zu arbeiten, von der ich annehmen darf, dass es die Ansatzfährte ist. Besonders sorgfältig beobachte ich den Boden im Fährtenverlauf und entdecke zu meiner Freude bald wieder den einzelnen Schalenabdruck einer starken Sau. Wir sind richtig!

Und wir nähern uns den ruhigsten und dichtesten Stellen des Ahldener Sunders, wo immer die Sauen stecken. Bald müssen wir auch unseren Einzelgänger finden. Nach dem Benehmen des Hundes kann er nicht mehr weit sein, die Arbeit wird heftiger! Ich bin inzwischen überzeugt, dass es ein Keiler ist und nehme die Büchse von der Schulter. Die den Füchsen zugedachte Vollmantelpatrone wechsele ich gegen eine andere mit Teilmantelgeschoss aus.

Unter jeder Schirmfichte, unter jeder Windwurfkrone kann er stecken. Sauen sind bei uns nicht selten, viele stehen in unseren Schussbüchern, aber einen reifen Keiler bekommen auch wir selten zu Gesicht und kaum vor die Büchse. Einen haben wir frei, dies muss einer sein, und den wollen wir haben.

Vielleicht lässt er sich überraschen. Aufmerksam beobachte ich vor uns den Bestand und bremse den stürmischen Hund zu langsamer Gangart. In der Schilfinsel steckt nichts. Auch nicht in dem dichten Anflughorst. Wir erreichen eine sturmzerzauste Kieferngruppe. Eine Kiefer hat der Sturm zu Boden gedrückt. Über der sperrigen Krone hat der Adlerfarn aus seinen welken Wedeln ein rostrotes Filzdach gebaut. „Ingo" zieht mit hoher Nase auf diese Laubhütte zu und versucht, unter Wind zu kommen. „Biene" geht ein Stück weiter und kommt von der anderen Seite an diese Burg heran. Dort könnte Arnold schießen.

Dann geht alles sehr schnell. Ich sehe die langen Federn einer groben Sau auf meiner Seite aus dem Farn auftauchen. Der Basse will sich heimlich davonstehlen. Schmal wie ein Brett und hoch ist er. Die Waffen kann ich erkennen. Im Zielfernrohr sehe ich Farn – Baum – Sau und lasse fliegen. Im Knall dreht der Keiler ab und ist gleich hinter Weidenbüschen verschwunden. An „Ingo" habe ich in dem Moment nicht gedacht und den Riemen fahren lassen. Das war sträflich. Der Hund hat die Sau auch eräugt und schießt nun in langen Fluchten hinter ihr her. Die Jagd ist kurz. Die Kugel hat gefasst. Wir hören erst „Ingos" Laut, dann wütendes Knurren und Reißen. Er steht über dem mit gutem Schuss verendeten Bassen und hält ihn am Teller. Gegen seine sonst so gut gelittene „Biene" fletscht er die Zähne. Ja, es ist seine Beute und die möchte er nicht teilen.

Vor uns im Gras liegt ein bejahrter Kämpe. Seine narbige Schwarte und ein abgebrochener Haderer zeugen von einem rauen Leben, in dem er sich gegen seine Artgenossen rücksichtslos sein Recht erstritt, das ihn aber auch rechtzeitig lehrte, seinen übermächtigen Gegnern lange Zeit aus dem Wege zu gehen. Bedächtig ziehen wir den Bassen unter Sträuchern hervor und legen ihn auf fahlem Gras zur Strecke. Dabei fällt uns auf, dass auf seiner rechten Keule die Schwarte aufgeschlitzt, entzündet und vereitert ist. Sicher die Folge eines erbitterten Zweikampfes um eine rauschige Bache.

Vielleicht war es diese Krankwitterung, die den Beutetrieb in unseren Hunden so entfachte und sie so intensiv und zielsicher arbeiten ließ.

Wir genießen bewusst die Gunst dieser Stunde und sind uns einig, dass wir das Erlebnis und den Keiler nur unseren Hunden zu verdanken haben.

Erst das vom Wind herübergetragene Silvestergeläut der Kirchenglocken von Ostenholz mahnt uns, an das baldige Ende eines kurzen Tages, eines langen Jahres und an die Bergung unseres unerwarteten Geschenkes zu denken.